AF401965

Hommage de gratitude
à Monsieur Camille Le Senne

Max Buteau

LE DROIT DE CRITIQUE

EN MATIÈRE LITTÉRAIRE, DRAMATIQUE ET ARTISTIQUE

8° F¹

25851

Max BUTEAU

DOCTEUR EN DROIT
AVOCAT A LA COUR D'APPEL DE PARIS

Le Droit de Critique

EN

Matière Littéraire, Dramatique

et Artistique

PRÉFACE

DE

M. Camille LE SENNE

LIBRAIRIE
DE LA SOCIÉTÉ DU

RECUEIL J.-B. SIREY

22, rue Soufflot, PARIS, 5e Arrond.

L. LAROSE & L. TENIN, Directeurs

1910

PRÉFACE

Mon cher Confrère,

Vous avez bien voulu me demander de présenter au
public cette intéressante et substantielle étude sur le
droit de critique, estimant, m'avez-vous dit, que ce soin
incombait au doyen des critiques militants dont notre
Association professionnelle a cru devoir faire son président d'honneur. Permettez-moi de vous dire, après les
remerciements d'usage, que ce volume où vous avez
condensé en quelque sorte la moelle processive de ces
cinquante dernières années, n'avait besoin d'aucun par-
rainage. Directement et sans effort, — je ne dis pas sans
recherches —, vous avez élucidé le très grave problème
des rapports de la Critique, entité peut-être rébarbative
mais très simple, avec les personnalités multiples que
représente la triple matière littéraire, dramatique et
artistique : auteurs, éditeurs, marchands, directeurs,

« tourneurs », acteurs, chanteurs (sans compter les intermédiaires de tout genre qui pourraient se prétendre lésés le jour où l'on assimilerait le fait d'écrire que tel tableau est indigne du Luxembourg, telle comédie peu à sa place sur la scène d'un théâtre subventionné, tel roman bon à classer en queue de la production trimestrielle, à celui d'avancer que tel grand magasin faufile des soldes dans ses expositions saisonnières ou que tel bazar vend de la camelote.)

En parcourant les bonnes feuilles que vous m'aviez remises, j'ai été très particulièrement frappé et de la simplicité de votre plan et de la sûreté de votre méthode. Vous avez réduit à une cinquantaine de pages la partie historique, et vous avez bien fait. Elle a une importance très relative. Nous sommes un public comme les Grecs et comme nos ancêtres du Latium (Renan disait avec raison que si l'on retrouvait les rôles de l'armée de Titus qui prit Jérusalem, on y découvrirait presque toute notre ascendance), mais nous ne sommes pas le même public. Hellènes et Romains étaient des auto-critiques comme certains savants sont des auto-didactes. Leurs impressions étaient immédiates et toutes personnelles ; elles se traduisaient d'une façon directe, voire brutale, sans être tamisées. La sensibilité moderne, ce qu'elle contient de fin, de discret, d'*intériorisé*, si vous voulez pardonner ce néologisme, n'admet que très rarement ce genre de manifestations violentes. A part les cas exceptionnels où le parterre est soulevé par une houle d'admiration (à moins qu'un heurt moral ne provoque des bordées de sifflets), le spectateur français reste dans l'expectative ; il concentre ses impressions, il les recueille, il les accumule. Et le lendemain il les contrôle en cherchant dans son journal comment on apprécie l'œuvre applaudie ou conspuée.

La Critique professionnelle, ayant pour fonction normale non pas de juger — le mot est d'une lourdeur prétentieuse — mais de décrire, de raconter ou d'analyser les tableaux, les romans ou les pièces de théâtre, répond à ce désir bien arrêté du public de trouver dans les journaux, les revues, les magazines, des opinions bien précisées. Il ne les adopte pas toujours ; même tout porte à croire qu'il en tient compte dans une mesure très limitée, mais elles lui sont devenues indispensables pour formuler sa propre opinion. De là l'extraordinaire multiplicité des critiques : là comme ailleurs, suivant le principe de Darwin, le besoin a créé l'organe. Nous sommes et nous resterons les intermédiaires obligatoires, inévitables jusqu'à ce que se produise une radicale transformation des mœurs. En attendant il devait arriver, et il arrive, que d'un côté certaines incompétences ou certaines maladresses, de l'autre l'extrême sensibilité des amours-propres ou des intérêts aisément froissés, provoquent des conflits bruyants.

Ces heurts qui mettent aux prises des gens faits pour s'entendre, — car la Critique est intéressée la première, la toute première, au développement des industries artistiques et l'on voit clairement ce qu'elle perdrait à la disparition ou à la diminution de la matière critiquable —, se traduisent dans le prétoire par des « espèces » juridiques. Elles sont nombreuses et paraissent confuses. Vous les avez classées avec beaucoup de méthode et de sûreté, si bien que cette étude sur le droit de critique est un véritable répertoire auquel tous vos confrères du Palais pourront se reporter. Mais vous avez voulu en même temps, vous occupant de littérature et d'art, faire œuvre littéraire et artistique. Ces deux cents pages où tient la substance de longs procès et d'interminables polémiques sont d'une lecture aussi agréable que votre érudition est assimilable aux profanes. Et je sais bien peu de traités spéciaux dont on puisse en dire autant !

CAMILLE LE SENNE.

BIBLIOGRAPHIE

HISTOIRE

EGGER. — *Histoire de la critique chez les Grecs*, 1849. — *Mémoires de littérature ancienne*, 1862.

MAGNIN. — *Les origines du théâtre antique et du théâtre moderne*, 1868. — *De la mise en scène chez les anciens. Revue des Deux-Mondes*, 1839, 1840 ; t. XIX et XXII.

PATIN. — *Étude sur les tragiques grecs*, 1843.

CHAIGNET. — *La tragédie grecque*, 1877.

P. FOUCART. — *Documents sur le théâtre athénien. Journal des Savants*, sept., oct., nov., 1907.

BURNOUF. — *Littérature grecque*, 1869.

H. HOUSSAYE. — *Histoire d'Alcibiade et de la République athénienne*, 1873.

MOMMSEN. — *Histoire romaine*, (traduction Alexandre).

F. GIRARD — *Manuel élémentaire de droit romain*.

M. MEYER — *Des atellanes. Essai sur le théâtre latin*, 1842.

PERNARD. — *Le droit romain et le droit grec dans le théâtre de Plaute et de Térence*. Thèse, Lyon, 1900.

DOUMIC. — *Histoire de la littérature française*, 1900.

BRUNETIÈRE. — Article : *Critique*, dans la *Grande Encyclopédie*.

KARL MANTZIUS. — *Molière* (traduction M. Pellisson). 1908.

ÉPOQUE CONTEMPORAINE

BARBIER. — *Code expliqué de la presse.*

FAIVRE et BENOIT LÉVY. — *Code de la presse.*

CHASSAN. — *Délits et contraventions de la parole, de l'écriture et de
   la presse.*

DE GRATTIER — *Commentaire sur les lois de la presse.*

FABREGUETTES. — *Délits politiques et infractions par la presse.*

GRELLET DUMAZEAU. — *Traité de la diffamation.*

LE POITTEVIN. — *Traité de la presse.*

SCHUERMANS. — *Code de la presse.*

DORÉ. — *Le droit de réponse.* Thèse, Paris, 1902.

MAZE. — *Le droit de réponse,* Thèse, Paris, 1900.

BRUNETIÈRE. — *Le droit de réponse, Revue des Deux Mondes,* 1898,
   t. 145.

INTRODUCTION

Le droit de critique, c'est le droit de juger une œuvre quelconque, littéraire, dramatique ou artistique, livrée à la publicité. Tout le monde le possède et tout le monde en fait usage, lecteur de roman, spectateur au théâtre ou visiteur d'un salon de peinture. Mais cette critique-là demeure inaccessible à toute réglementation légale ou judiciaire. Elle est un fait, supérieur aux lois. Résultat du suffrage populaire, elle fait et défait les réputations, et décide en dernier ressort : c'est l'opinion publique, impersonnelle et insaisissable, avec laquelle on ne lutte pas. Ce n'est pas à son propos qu'on peut parler d'un *droit de critique.*

Mais avant la décision de ce public anonyme, il y en a d'autres qui font préjuger d'elle et qui souvent la déterminent : ce sont les compte rendus des journaux et des revues. Un livre, une pièce de théâtre, une œuvre d'art sont, dès leur apparition, examinées, discutées et jugées par la presse. Des rédacteurs spéciaux en ont la charge. Ils s'emparent de l'œuvre nouvelle, l'approuvent ou la condamnent. Et leurs avis sont comme une épreuve réduite du jugement public qui les suivra ; épreuve le plus souvent fidèle, rarement en désaccord avec lui : c'est qu'ils ont une action certaine sur l'opinion qui leur reconnaît une valeur particulière et qui est tentée de les accepter pour elle. Ceux qui exercent ainsi la critique usent encore de leur droit, comme le public dont ils font partie, mais ils en usent autrement, d'une manière active et par un acte matériel qui peut tomber sous le coup de la loi. Leur appréciation cesse d'être privée ; par milliers d'exemplaires, elle est répandue dans la foule. Peut-être, si elle est sévère, va-t-elle causer un préjudice à celui qu'elle condamne. Et, cette fois, il ne se trouvera plus en présence d'une hostilité générale et insaisissable, il aura devant lui un adversaire et un acte positif dont il pourra discuter la légitimité. C'est alors que la question du droit va se poser. Est-il absolu ? Et, s'il ne l'est pas, quelles limites faut-il lui assigner ? En face du journaliste, l'auteur critiqué est-il désarmé ou va-t-on lui reconnaître un droit qui fasse échec à la toute-puissance de son juge ? Autant de difficultés que la pratique a soulevées, et qu'il a bien fallu résoudre.

C'est d'ailleurs une notion toute récente que celle d'un droit de critique réglementé et qui ne remonte pas plus loin que les débuts du dix-neuvième siècle.

Non pas que la période précédente eût été un âge

d'or et qu'on n'y eût jamais connu les querelles littéraires. Loin de là. La légende rapporte la fin cruelle du critique Zoïle qui, pour avoir dénigré l'œuvre d'Homère, fut condamné à mort par le roi Ptolémée Philadelphe, puis lapidé ou crucifié par la foule indignée. En France, Grégoire de Tours raconte comment la jalousie d'auteurs mit aux prises Astériole et Secondin, conseillers de Théodebert 1er ; Secondin tua son rival et finit même par se suicider pour enlever au fils d'Astériole le plaisir de la vengeance. Aujourd'hui, nous sommes moins absolus dans nos opinions et dans nos haines ; du moins, nous voulons le croire, pour justifier ce terme de progrès qu'on aime à employer. Il n'y a plus mort d'homme. Le dénouement est pacifique : la querelle prend fin sur une décision judiciaire, parfois aussi sur un duel (mais c'est encore — et il faut s'en réjouir — un dénouement pacifique). On n'eût pas eu l'idée, autrefois, de recourir ainsi aux tribunaux ; on restait sur le terrain littéraire. On combattait par libelles, pamphlets et cabales. Les luttes étaient ardentes, s'éternisaient souvent et s'apaisaient tout à coup par le triomphe éclatant de l'un des adversaires, l'intervention de quelque autorité littéraire ou par lassitude dans les deux camps. Le droit de critique existait déjà, plus ou moins étendu suivant les pays et les époques, mais il demeurait en dehors de toute réglementation précise. Un historique exposera cette phase primitive, et si longue, qu'il a traversée, à Athènes, à Rome et dans l'ancienne France.

Il faudra s'arrêter plus longtemps sur l'organisation de la critique en Grèce ; elle en vaut la peine. Elle fut unique au monde, et probablement ne se reverra plus, mais le peuple qui la conçut a laissé derrière lui la trace lumineuse de son génie. Dans le monument harmonieux de la civilisation grecque, elle a contribué, humble pierre, à la beauté finale, et il semble aussi qu'elle ait contenu en elle l'âme même des hommes qui l'ont réalisée. « Il y a eu, disait d'eux Renan, un peuple d'aristocrates, un public tout entier composé de connaisseurs, une démocratie qui a saisi des nuances d'art tellement fines que nos raffinés les aperçoivent à peine. » Ils ont connu l'art populaire en qui tous venaient communier sans effort, et ces représentations nationales qui, arrêtant un instant la vie du peuple, le réunissaient sur les gradins du théâtre de Dyonisos dans une égalité magnifique, la seule qui soit possible, celle des âmes éprises d'un même idéal. Ils ont senti la vanité du progrès matériel et que, dans cette voie trompeuse, chaque étape nouvelle est une déception : le but s'éloigne à mesure qu'on croit l'atteindre. Les siècles passent, la science marche, le bien-être partout s'étend, d'anciennes chimères se sont réalisées, et c'est, dans l'humanité, la même soif de bonheur, plus ardente encore : mais il s'y joint maintenant un sursaut de révolte, avec le découragement d'un long effort stérile. Les Grecs ont prévu nos désillusions ; ils ont su qu'on ne guérit pas les maux dont nous souffrons mais qu'en revanche on peut les oublier. Et c'est à l'art qu'ils ont demandé l'oubli. Ils lui ont fait dans leur Etat une place à part, la première ; et, au centre de leur vie, ils ont mis le théâtre. Eschyle, Sophocle et Euripide ont plus fait pour le bonheur des Grecs que tous les politiciens d'Athènes ; et personne ne s'y trompait. Dans un tel pays, la critique, institution nationale elle aussi, et constituée en tribunal, doit être infiniment curieuse à étudier.

Avec Rome, c'est soudain la nuit. On s'est longtemps contenté des courses de chars ; quand enfin il fallut accueillir les arts étrangers, on le fit sans bonne grâce, avec une haine sourde. Du premier jour, le théâtre fut frappé d'une proscription morale dont il ne se releva pas. Et la rudesse des lois mit obstacle au développement de la critique. Le génie de ce peuple, patient et pratique, le menait ailleurs, vers la lutte et la domination progressive du monde. Ce fut sa grandeur et aussi son germe de destruction puisqu'il mourut d'avoir réalisé son rêve.

En France, la critique, pendant des siècles, est restée dans le domaine littéraire ; et même, elle est née fort tard. Le moyen âge ne l'a pas connue : chansons de geste, fableaux, au théâtre miracles et mystères, toute sa littérature s'est développée spontanément, sans contrainte et sans juges. C'était un peuple encore enfant, d'âme fervente et qui ne songeait pas aux théories d'art. Il n'en a pas moins donné à la France, avec ses mystères, le seul théâtre national qu'elle eût jamais connu.

C'est seulement au dix-neuvième siècle, et, pour être plus précis, en 1822, avec la première loi sur la presse, que la critique entra dans une phase judiciaire. Cela se fit du jour au lendemain et presque sans transition ; on prit l'habitude de soumettre aux tribunaux les conflits qui s'élevaient, et les querelles littéraires se muèrent en procès. Ce fut là peut-être un épisode de ce mouvement qui, depuis la Révolution, a tendu à vulgariser le droit et à étendre indéfiniment son empire. Il n'est plus guère de rapports entre hommes qui ne soient définis juridiquement. C'est une fièvre de réglementation. A peine une difficulté surgit-elle qu'on réclame une loi ; et le pire est qu'on la vote. A sa suite, apparaissent des réglements qui la complètent et des circulaires ministérielles qui tentent de l'expliquer. Le travail, le repos, tout est prévu. Le dernier des apprentis, avant de savoir écrire, fait valoir ses droits, invoque la loi récente. Il n'est pas jusqu'aux relations internationales où le droit ne soit venu s'établir, et il faut s'en louer. Mais on eût fort surpris nos ancêtres en leur faisant prévoir un temps où les rivalités entre peuples se dénoueraient pacifiquement, autour d'un tapis vert. Il y aurait peut-être quelque témérité à rapprocher des conférences de la Haye la Première Chambre du Tribunal statuant sur le procès du ténor Alvarez ; en tous cas, l'évolution soudaine de la critique n'est pas un fait isolé dans un temps où l'on s'est habitué à considérer la voie judiciaire comme l'issue normale de toutes difficultés.

La législation d'ailleurs ne s'est jamais occupée du droit de critique. Les tribunaux ont été amenés peu à peu à le définir, au moyen des lois existantes, et sa notion s'est formée lentement, avec des incertitudes et des tâtonnements, à mesure que les questions nouvelles s'élevaient dans la pratique. Il semble qu'aujourd'hui toutes soient tranchées ; la jurisprudence, après un siècle bientôt passé, est maintenant constante en ses solutions. Elle a déterminé les limites du droit de critique, fixé, en face de lui, des garanties à l'auteur critiqué, et il n'est pas probable, tout au moins pour l'instant, qu'un texte de loi vienne compléter ou modifier sa théorie : elle se suffit à elle-même. La seconde partie de cette étude sera consacrée au droit de critique contemporain.

Depuis quatre-vingt-dix ans qu'ils ont fait leur apparition, les procès de critique n'ont pas diminué. Chaque saison nouvelle en voit naître quelques-uns, les tribunaux s'y accoutument, les chroniqueurs judi-

ciaires guettent leur mise au rôle, et le public serait
déçu qu'aucune querelle ne s'élevât dans le monde des
lettres. Le jour de l'audience, la salle est pleine avant
l'heure, et des journalistes sont là qui dévisagent l'auditoire, le crayon à la main. Les plaidoiries sont spi-
rituelles ; il y a des mots à l'emporte-pièce, et des compliments qui déchirent. Les interruptions partent
comme des répliques de théâtre. Le jugement lui-
même est soigné comme un discours académique. On
s'étonnerait aujourd'hui qu'un conflit littéraire eût un
autre dénouement. L'année dernière poùrtant, il y eut
à Madrid un acteur qui, mécontent d'un critique, découvrit une solution plus rapide. Il l'invita poliment à
venir le voir dans sa loge ; mais, quand il se vit seul
avec lui, il ferma la porte à clef, saisit un gourdin et
bâtonna son adversaire au point qu'on le trouva à
moitié mort, après avoir enfoncé la porte. Un procès
vaut mieux. Ses longs délais apaisent les ressen-
timents ; parfois il s'est écoulé tant de jours depuis
l'assignation qu'on a presque oublié son objet ; les
blessures d'amour-propre ne sont plus si douloureuses;
et, quand vient le jugement, on triomphe moins d'une
victoire mais on se résigne mieux à la défaite. On
serait seulement tenté de trouver un peu vaines ces
luttes judiciaires. Le temps se charge de rétablir
chacun à sa place, sans tenir compte d'un arrêt de
Cour.

PREMIÈRE PARTIE

Histoire

———

CHAPITRE 1

Athènes

Il ne faut pas chercher une critique, encore moins
un droit de critique, dès les premiers temps de la littérature grecque. Avant qu'on pût « juger, classer,
expliquer les œuvres de la littérature et de l'art (1) »,
il a fallu leur laisser le temps de se manifester. Car la
critique n'a pas commencé par être une théorie : elle
n'a pas posé du premier coup, et dans l'abstrait, des
règles précises, ni ouvert aux hommes une voie
qu'avant elle personne n'avait foulée. Les premiers
aèdes qui *chantent les exploits des hommes*, suivent
leur inspiration et obéissent à leur génie propre ; point
de règles encore ; aucun souci de conformer leur

(1) Brunetière, *Grande Encyclopédie* : au mot Critique.

œuvre à quelque modèle idéal ; c'est une poésie qui
sort, spontanée, de l'âme du peuple. La critique est
née plus tard quand déjà la matière était assez riche
pour lui fournir un suffisant objet d'étude ; alors, pas
à pas, elle suit le mouvement littéraire, juge les ouvrages de l'esprit, parfois s'arrête pour mieux considérer dans l'amas des faits les lignes générales de l'évolution, et dégage en des sortes de codes artistiques les
résultats de ses recherches. Désormais, auprès du
poète qui crée, est le savant qui analyse. Mais l'un a
précédé l'autre : le savant est né du poète.

A cette apparition tardive de la critique, il y a eu,
en Grèce, une autre raison, celle-là plus humaine et
surtout plus locale, essentiellement grecque. L'aède
qui, dans les premiers temps, va de ville en ville décla-
mer des vers, est reçu comme un hôte vénérable,
comme un prêtre du culte d'Apollon. L'opuscule —
d'ailleurs récent — connu sous le nom de *Combat d'Homère et d'Hésiode*, fait descendre Hésiode, par Orphée
et Linus, d'Apollon lui-même. Et c'est bien ainsi sans
doute que l'esprit populaire se représentait les poètes :
des hommes instruits de choses mystérieuses et qui,
peut-être, avaient vu ces dieux dont ils contaient l'histoire, mais, à coup sûr, des hommes supérieurs aux
autres et qui savaient l'art d'évoquer harmonieusement
les légendes du passé. Il semble que la vie des peuples
et celle des hommes suivent une marche parallèle, de

l'enfance à la mort : au temps d'Homère, à l'aurore d'une civilisation, les Grecs écoutaient les chants des aèdes comme un enfant écoute une histoire merveilleuse, avec un recueillement naïf et une pieuse admiration pour le conteur. Comment s'étonner alors que la critique n'ait pas pu naître ! On se laissait prendre aux artifices du récit, sans chercher à savoir par quelle magie il vous avait ému ; on ne discutait pas son impression, on se contentait de la ressentir. Peut-être aussi n'eût-on pas osé formuler un jugement sur des personnages quasi-sacrés, comme l'étaient les aèdes. Mais surtout on n'y pensait pas : la vraie dévotion ignore la critique. En tous cas il semble qu'à cet âge d'or de la littérature, on n'ait pas connu les rivalités entre poètes : on les écoutait tous avec la même faveur, les applaudissements les saluaient avec une égale reconnaissance, et nulle trace ne nous est parvenue de jalousies ou de querelles d'auteurs. Au début d'une étude tout entière consacrée à ces luttes, le fait, tout consolant qu'il soit, paraît invraisemblable. Il est vrai qu'il se rapporte à un passé légendaire.

Cet heureux temps ne dura pas. Par un lent travail, il arriva que les aèdes descendirent peu à peu des sommets où l'imagination populaire les avait placés ; et, sans oublier jamais leur origine divine, on s'habitua à ne plus voir en eux que des hommes. De ce jour, les différences de génie apparurent ; on s'aperçut qu'ils ne possédaient pas tous au même degré l'art d'émouvoir, et, vers l'époque où vivait Hésiode, on institua entre eux des concours (1). Une couronne récompensait le vainqueur. On peut dire que les juges de ces concours furent les premiers critiques. D'après quels principes décernaient-ils le prix ? Il serait malaisé de le définir. Il est à croire cependant qu'ils se laissaient guider par leurs impressions, et qu'ils ne se souciaient guère de rendre des arrêts fortement motivés. Peut-être aussi, comme le pense M. Egger, le sentiment de la foule était-il de moitié dans leur décision. Quoiqu'il en soit, c'est, en Grèce, la première apparition de la critique.

Mais c'est au théâtre que devait naître et se développer cette organisation officielle de la critique, unique dans l'histoire de la littérature, qui est le Tribunal des Cinq Juges. Il serait téméraire de vouloir la comparer à quelque autre. Si elle semble combiner les caractères de notre Académie Française et de la critique dramatique actuelle, il faut se garder de voir dans ce rapprochement autre chose qu'une lointaine analogie. Le Tribunal des Cinq Juges fut une institution essentiellement originale, caractéristique du génie grec : critique officielle et populaire, comme nulle part ailleurs il n'en a existé, complément har-

____

(1) Hésiode, *Œuvres et jours*, v. 655.

monieux et nécessaire de cette autre institution nationale qu'étaient les représentations du théâtre. L'une est
liée à l'autre, trop intimement pour qu'on puisse les
séparer. Aussi sera-t-il nécessaire, avant d'étudier le
fonctionnement du tribunal de critique, d'indiquer à
grands traits dans quelles conditions le théâtre put se
développer à Athènes.

Il paraît hors de doute que la tragédie grecque eut
une origine religieuse. On avait coutume de célébrer
en des fêtes annuelles le culte de Dyonisos ; petites
Dyonisiaques, Lénéennes, Anthestéries, Grandes Dyonisiaques, se succèdaient à Athènes de décembre à
mars. Des chœurs y chantaient les louanges du Dieu.
De ce chant lyrique, appelé dithyrambe, sortit peu à
peu le drame. Ce fut d'abord un simple récit, sorte d'in-
termède qu'on introduisit là pour ménager aux cho-
ristes quelques instants de repos, ou peut-être pour
ranimer l'intérêt languissant ; l'artiste qui en était
chargé, rappelait sans doute les aventures du Dieu.
Puis un second acteur apparut auprès du premier, un
dialogue s'engagea, et ce qui était récit, devint action.
Dès lors, la formule nouvelle était trouvée ; il n'y avait
plus qu'à la perfectionner en accroissant le nombre des
scènes et des personnages. Dans cette métamorphose
du dithyrambe en tragédie, le chœur ne disparut pas,
mais son importance alla en diminuant. Il avait joué

le premier et le seul rôle dans les cérémonies religieuses primitives ; désormais, il dut se contenter d'être le témoin du drame, n'intervenant plus guère dans l'action qu'à titre de représentant du public, pour exprimer les impressions ressenties et les sentiments dont il était animé.

L'innovation qui dégagea l'action tragique du chant religieux où elle était contenue, et à laquelle on attache ordinairement le nom de Thespis, n'alla pas d'ailleurs sans opposition. Elle dut, à ses débuts, paraître irrespectueuse, et Solon, qui vivait à cette époque, la blâma ouvertement : « Thespis, raconte Plutarque, commençait alors les innovations qui produisirent la tragédie : et la nouveauté attirait la foule à ce jeu qui, cependant, n'avait pas encore été admis au concours. Solon, qui était par nature curieux et avide de s'instruire, et qui charmait sa vieillesse par l'étude et les distractions, et même par le vin et la musique, alla voir Thespis qui jouait lui-même, suivant la coutume des anciens poètes. Après la représentation, s'adressant au poète, il lui demanda s'il n'avait pas honte, devant tant de monde, de débiter de pareils mensonges. Thespis lui ayant répondu que parler et agir ainsi en plaisantant ne lui paraissait pas être une chose bien criminelle, Solon frappa la terre de son bâton et s'écria : « Toutes ces plaisanteries que vous louez et honorez, nous les retrouverons bientôt dans les rapports de la vie civile. » (1) Malgré Solon, la tragédie devait grandir et briller à Athènes d'un éclat incomparable. Ce fut vraisemblablement en 536 qu'eut lieu, aux fêtes Dyonisiaques, le premier concours entre poètes tragiques. Une cinquantaine d'années plus tard, en 488, on admit aux mêmes honneurs un genre nouveau, la comédie, originaire elle aussi de quelque chant lyrique, et déjà consacrée par le succès et l'agrément de ses pièces (2).

De ses origines religieuses, la tragédie grecque devait conserver l'empreinte ineffaçable. Née du culte de Dyonisos, elle ne s'en sépara jamais. Ce furent d'abord les représentations qui n'étaient pas, comme les nôtres, journalières, mais périodiques, et qu'on donnait à chaque célébration des fêtes du Dieu. Les Grandes et Petites Dyonisiaques, les Lénéennes comportaient l'exécution de tragédies ; le point est plus douteux pour les Anthestéries. En tous cas, ces spectacles restèrent attachés aux fêtes de Dyonisos ; on ne les voit jamais figurer, par exemple, au programme des jeux donnés à l'occasion des Panathénées.

Et c'est encore une idée religieuse qui se manifeste dans la disposition intérieure du grand théâtre de Dyo-

(1) Plutarque, *Vie de Solon*, ch. 29.

(2) *Journal des Savants*, novembre 1907 ; P. Foucart, *Documents pour l'histoire du théâtre athénien.*

nisos où furent jouées la plupart des pièces d'Eschyle,
de Sophocle, d'Euripide et de leurs successeurs. Jusqu'en 500, on s'était contenté de gradins en bois ;
ils s'écroulèrent cette année-là, et l'on construisit, pour
les remplacer, sur le flanc méridional de l'Acropole, le
théâtre de pierre que des fouilles récentes ont remis
au jour. Le centre idéal et architectural en était l'autel
de Dyonisos, appelé *thymélé*. Au début de chaque
représentation, un prêtre y accomplissait un sacrifice
solennel. Et, quand les jeux commençaient, il y
assistait à la place d'honneur, au premier rang du
théâtre. Derrière lui, sur le flanc de colline où l'on
avait taillé des gradins circulaires, le peuple Athénien
se tenait, vêtu comme pour une fête, car une loi lui
avait interdit de venir aux représentations scéniques en
habits journaliers, avec des robes reteintes ou des
vêtements tachés (1).

Il y eut un autre fait qui exerça sur le développement
du théâtre grec une influence profonde et qui contribua
à lui donner ce caractère national qui est le sien : c'est
l'institution de la chorégie.

Avant que la tragédie ne se fût dégagée du dithyrambe et même dans les premiers temps de son
existence, les poètes eux-mêmes représentaient leurs
œuvres. Quand arrivait l'époque des fêtes, des chœurs

(1) Chaignet, *La tragédie grecque,* 1re partie, ch. III.

se recrutaient parmi les citoyens qui tenaient à honneur de participer aux cérémonies ; et le poète lui-même figurait sur le théâtre. Il fut d'abord cet unique personnage qui, par instants, venait mêler quelques récits au chant du chœur ; puis il se fit assister d'un second et d'un troisième acteur. A la fois auteur, acteur et chef de troupe, le poète devait organiser à lui seul toute la représentation. Thespis et Eschyle jouèrent dans leurs propres tragédies ; Sophocle encore, dans sa jeunesse, interpréta un rôle de femme dans sa Nausicaa. Mais après lui, la coutume se perdit ; le poète se contente d'instruire les comédiens et prend le nom de *didascale :* il ne monte plus guère sur la scène.

A ce moment, une représentation théâtrale ne s'improvisait pas du jour au lendemain ; on la préparait de longue date, non pas entre initiés et dans le mystère des coulisses mais en plein jour et comme une réjouissance publique. Le peuple d'Athènes tout entier s'y intéressait. Dans chaque tribu, parmi les plus riches habitants, on désignait à l'avance un chorège qui recevait la mission de soutenir au concours l'honneur de son groupe. L'archonte éponyme qui présidait aux Dyonisiaques ou l'archonte-roi, aux Lénéennes, veillaient à ce que ce choix fut fait en temps utile. Le chorège avait la lourde charge de former un chœur dans sa tribu et de l'instruire à ses frais. Les dépenses étaient considérables : entretien des choreutes, costumes, il subvenait à tout. Mais ces fonctions étaient si glorieuses qu'on vit des chorèges se présenter d'eux-mêmes pour les remplir. Leur personne était sacrée ; les outrager, c'eût été outrager le Dieu lui-même en l'honneur de qui on célébrait la fête. Le jour venu, ils conduisaient en grande pompe au lieu du concours le chœur qu'ils avaient formé et assistaient au spectacle.

Les fonctions de chorège, en fait, n'étaient pas accessibles à tous ; elles nécessitaient des dépenses que, seule, une petite élite pouvait supporter. Les Athèniens de fortune plus modeste se contentaient de faire partie des chœurs, et, tout au moins à l'origine, jouaient leur humble rôle de choreutes avec la conscience de remplir un devoir civil et religieux. C'était d'ailleurs une prérogative des citoyens que de figurer dans un chœur ; les personnes diffamées et les esclaves en étaient écartées. Une loi formelle en excluait même les étrangers et frappait d'une amende de mille drachmes toute infraction à sa défense. Plutarque raconte à ce sujet qu'un riche chorège, nommé Démade, s'avisa un jour de faire paraître cent danseurs étrangers sur le théâtre et apporta séance tenante le montant de l'amende (1). Il faut ajouter que les choreutes trouvaient à leur dévouement d'autres avantages que l'estime dont on les entourait : on leur avait accordé l'exemption du

(1) Magnin, *Les origines du théâtre antique et du théâtre moderne.*

service militaire et l'inviolabilité de leur personne
pendant la durée de leurs fonctions. On aurait tort de
croire qu'un législateur habile ait voulu, dans un but
intéressé, faire briller aux yeux des Athéniens l'appât
de ces privilèges ; ce n'était là qu'une nouvelle preuve
de la faveur où l'on tenait les choreutes. Du moins il
faut l'espérer : les Grecs de ces temps primitifs devaient
être trop peu civilisés pour se montrer sensibles à ces
calculs.

Il est probable qu'à cette époque la présentation des
pièces s'effectuait fort simplement : le poète s'adressait
à un chorège et sollicitait le chœur de sa tribu. Mais ce
régime ne dura pas ; on le vit se modifier peu à peu,
moins par la volonté des hommes que sous la pression
lente des événements. Thespis s'était contenté d'un
acteur ; Eschyle et Sophocle en firent monter un
second sur le théâtre, et bientôt un troisième. Avec
Euripide, le nombre des personnages s'accrut encore.
En même temps, se développait le goût de ce que nous
appelons aujourd'hui la mise en scène : les costumes
étaient plus luxueux, on inventait les machines et tout
un matériel nouveau. La charge de chorège, déjà si
lourde, menaçait de devenir intolérable. L'Etat dut
intervenir. Il se contentait jusqu'alors de donner les
prix et de pourvoir aux sacrifices qui accompagnaient
le spectacle. Il augmenta le chiffre de sa subvention et

allégea les dépenses du chorège. Une caisse spéciale fournit les sommes nécessaires. Le mouvement qui transportait des particuliers à l'Etat l'initiative de la représentation ne devait pas s'arrêter là ; on finit par ne plus désigner de chorège, et la charge privée devint un service public. Mais les archontes n'avaient pas attendu ce moment pour intervenir dans le choix des pièces ; du jour où l'Etat contribua aux dépenses, ce fut à eux que les poètes demandèrent un chœur. On admettait trois concurrents aux honneurs de la représentation ; plus tard, ce nombre fut porté à cinq, tout au moins pour la comédie.

Une évolution parallèle se produisait parmi les choreutes. Peut-être les malheurs de leur cité détournèrent-ils un instant de la scène la pensée des Athéniens ; peut-être s'aperçurent-ils que des affaires plus graves réclamaient tous leurs soins. En tous cas, après la malheureuse guerre du Péloponèse, on les vit en grand nombre abandonner leurs fonctions qui passèrent de plus en plus à des acteurs de profession Mais l'art du théâtre était si bien une coutume nationale en Grèce qu'aucune défaveur ne s'attacha à ce nouveau métier. Ce ne fut pas une révolution qui s'accomplit dans les mœurs ; on continua d'honorer les comédiens comme les dignes successeurs des citoyens d'Athènes qu'ils venaient de remplacer. Et eux-mêmes, se réclamant du dieu que célébrait le dithyrambe, tinrent à porter le nom d'artistes dyonisiaques ; ce fut leur titre officiel.

Le théâtre ne fit que gagner à cette spécialisation de quelques-uns dans un art où la bonne volonté ne supplée pas au talent. Les nouveaux comédiens purent jouer leurs rôles avec une perfection que des amateurs, sans doute, ne connaissaient pas. Athènes vit de grands artistes qui furent pour les poètes plus que des interprètes, presque des collaborateurs ; et il arriva même, assez tard pourtant, que leur gloire éclipsa celle des auteurs. On finit par les couronner dans les concours et par leur décerner des statues et des monuments. On les comblait de richesses ; et, comme ils ne jouaient à Athènes que pendant la durée des fêtes, ils profitaient de leurs loisirs pour contracter de riches engagements avec d'autres villes grecques ou des cours étrangères. Des tournées étaient organisées ; une importante corporation dyonisiaque desservait les côtes de l'Ionie et de l'Hellespont vers le deuxième siècle avant Jésus-Christ (1). Le monde connu était sillonné de ces troupes qui portaient avec elles le répertoire grec. On chargeait même de grands acteurs — et ceci n'est plus de nos jours — de missions diplomatiques. Aristodème, Néoptolème et l'acteur comique Satyrus étaient tenus en si haute estime par Philippe de Macédoine qu'Athènes en avait profité pour les charger auprès de

(1) Egger, *Mémoires de littérature ancienne*, p. 415.

lui de plusieurs ambassades ; et, par leur intermédiaire, des relations suivies s'étaient établies entre la Grèce et le roi. Une autre fois, comme l'acteur Thessalus allait donner des représentations en Asie, on lui confia le soin de négocier, par la même occasion, le mariage d'Alexandre avec la fille d'un satrape de Carie (1). A l'intérieur même de la cité, il leur arrivait de jouer un rôle politique ou d'être élevé à quelque magistrature ; le rival de Démosthène, Eschine, avant de s'illustrer à l'agora, avait connu, comme acteur, les sifflets de son auditoire. Que nous voilà loin des idées romaines ! Il semble bien que le culte d'Athènes pour son théâtre fut l'un des traits principaux, et peut-être le plus caractéristique de l'esprit grec.

Origines religieuses, participation des citoyens aux représentations, c'est à ces deux influences surtout que le théâtre dut, à Athènes, son éclat exceptionnel. Né du culte de Dyonisos, dans la pompe des cérémonies sacrées, il est resté, à travers les révolutions, la chose sainte qu'on ne détruit pas. Les Grecs des temps légendaires écoutaient les aèdes comme si leurs chants eussent été la parole d'un dieu ; et l'on continua d'entendre dans la tragédie comme l'écho lointain d'une voix divine. Platon a pu définir la constitution d'Athènes une *théâtrocratie* sans qu'il faille y voir une boutade. On consacrait à la scène de Dyonisos des sommes in-

(1) Patin, *Études sur les tragiques grecs*, t. I, p. 101 et suiv.

calculables. « Si on faisait le compte de ce qu'a coûté
aux Athéniens chacune de leurs tragédies, assure Plutarque, on trouverait qu'ils ont plus dépensé pour jouer
les Bacchantes, les Phéniciennes, les OEdipes, les in-
fortunes de Médée et d'Electre, que pour obtenir par
la guerre la liberté et l'empire. » (1) Une caisse spéciale
avait été créée pour subvenir à ces dépenses ; sous l'administration de Périclès, on alla jusqu'à l'alimenter par
des contributions qui, régulièrement, auraient dû servir
à l'entretien des flottes et à la défense commune. L'Etat
payait même aux citoyens pauvres le prix de leurs
places au spectacle ; et il faut croire qu'à cette époque on
manifestait déjà un goût très vif pour le billet de faveur
puisque les riches eux-mêmes finirent par toucher cette
rétribution, et que tout le monde put aller au théâtre
sans payer. De ce fait, une dépense nouvelle de 25 à
30 talents (150.000 à 180.000 francs) s'inscrivit annuel-
lement au budget. Démosthène la fit supprimer, peu de
temps avant la bataille de Chéronée ; il est à présumer
que ce ne fut pas sans difficulté (2).

Les années en s'écoulant furent impuissantes à
altérer le caractère religieux et national du théâtre
grec. Son éclat ne fut pas diminué par la disparition
de la chorégie ; l'Etat remplaça les chorèges, et des

---

(1) Plutarque, *De glor. athén.*, cité par Patin, *op. cit.*, t. I, p. 66,
en note.

(2) Chaignet, *La tragédie grecque*, 2ᵉ partie, ch. ii, p. 260.

comédiens de profession succédèrent aux acteurs vo-
lontaires, mais la tragédie ne disparut pas. Les grands
poètes qui l'avaient illustrée laissaient leurs œuvres
intactes ; on les reprit et des artistes fameux portèrent
au loin leur gloire. Le rayonnement du théâtre grec
s'étendit au monde connu. Une anecdote de Plutarque,
citée par Patin, montre quelle dévotion les ennemis
même d'Athènes avaient pour sa gloire littéraire : « Il
fut donné à Euripide de sauver, quelque temps après
sa mort, sa patrie elle-même. Lorsqu'Athènes fut prise
par Lysandre, on proposa dans le conseil des alliés,
de réduire en servitude ses habitants, de raser ses
édifices, et de faire de tout le pays un lieu de pâturage
pour les troupeaux. Ce conseil fut suivi d'un festin où
se trouvèrent tous les généraux ; or il arriva qu'un
musicien de Phocée qui y fut appelé, y fit entendre,
soit par hasard, soit à dessein, quelques vers où Euripide avait retracé l'abaissement d'Electre réduite par
Egisthe à la condition des esclaves et précipitée d'un
palais dans une chaumière. Les convives, émus par
cette peinture touchante du malheur, par son rapport
frappant avec l'humiliation d'Athènes, enfin par la
gloire de cette ville qui avait produit de si beaux
ouvrages et de si grands hommes, et qu'ils allaient
détruire, renoncèrent à user si cruellement du droit de
la victoire. » (1) Plutarque n'est pas toujours un his-

(1) Patin, *op. cit.*, t. I, p. 62.

torien fidèle ; parfois il se laisse aller au charme du récit ; mais il y a des anecdotes qui, mieux que la vérité scientifique, savent faire revivre l'âme d'une époque.

A cet édifice lentement constitué du théâtre national, les Grecs ajoutèrent un couronnement digne de lui : le Tribunal des Cinq Juges. Etrange conception, semblait-il tout à l'heure, que celle d'une critique officielle, installée au spectacle et rendant un arrêt avec la gravité d'une cour de justice. Et voilà maintenant qu'elle apparaît comme la suite logique de tout un développement qui, sans elle, fût resté incomplet. Une tradition déjà lointaine avait établi en Grèce, avant la naissance de la tragédie, des concours entre aèdes : ils passèrent à la scène de Dyonisos, et il n'y eut là aucune innovation ; ce ne fut qu'une très ancienne coutume qui continuait à vivre. Il est probable qu'au début c'était le peuple tout entier qui, par acclamation, décidait entre les concurrents. Mais très vite, on dut ressentir le besoin d'un jury plus pondéré, moins exposé que cette foule ardente aux entraînements irréfléchis. Il fallait que le jugement, tout en offrant des garanties suffisantes, restât populaire ; on n'en pouvait faire l'apanage de personne, pas même d'une élite intellectuelle au talent reconnu. La nation tout entière participait à la fête ; on ne l'en écarta pas à l'instant suprême où le vainqueur allait être proclamé. On ne dut même pas en avoir l'idée : comment une réjouissance nationale eût-elle pu se passer du concours de la foule ? L'archonte qui présidait, tira au sort, au début de la représentation, le nom de cinq juges ; ils invoquaient les dieux, prêtaient serment et rendaient leur arrêt à l'issue du spectacle. L'institution des Cinq Juges acheva de donner au théâtre grec cette harmonieuse beauté que des siècles de civilisation n'ont pas su faire revivre.

On est assez mal fixé sur ce qu'était la désignation des juges ; on sait que l'archonte tirait leurs noms au sort. Mais parmi quels autres ? Les documents sont rares. Il est probable que chacune des dix tribus fournissait un juge ; quand la comédie fût, elle aussi, admise aux fêtes de Dyonisos, deux jurys de cinq juges étaient ainsi formés ; à l'époque où la tragédie concourait seule, un roulement devait être établi entre les tribus. A en croire Plutarque, ce ne fût pas là une règle absolue : l'archonte, dans certaines circonstances solennelles, conservait la liberté du choix. L'anecdote vaut d'être rapportée, dans la naïve traduction d'Amyot. C'était à l'époque où Cimon, après avoir conquis l'île de Scyros, venait de ramener à Athènes les ossements de Thésée (468 avant notre ère) : « Comme le poète Sophocles qui était encore jeune eût fait jouer sa première tragédie, Apsephion le Prévost, voyant qu'il y avait de grandes brigues et partialités de faveurs entre les spectateurs, ne voulut point tirer au sort ceux qui devaient être juges de ce jeu, pour adjuger le prix à celui des poètes qui l'aurait mieux mérité : mais quand Cimon et les autres capitaines entrèrent au théâtre pour voir l'ébattement, après qu'ils eurent fait les oblations ordinaires et accoutumées au dieu en l'honneur duquel se font les jeux, il les arrêta et leur fit prêter serment de juger selon le droit et l'équité, à dix qu'ils étaient de chaque lignée du peuple un ; et, le serment prêté, les fit seoir comme juges pour donner leur sentence, lequel des poètes devait emporter le prix. Si s'efforcèrent tous de faire le mieux qu'ils purent pour la dignité des juges ; mais Sophocles par sentence d'iceux fut déclaré le vainqueur : de quoi Eschylus, à ce qu'on dit, fut si dolent et si marri qu'il ne demeura guère depuis à Athènes, ains s'en alla par dépit en Sicile là où il mourut et fut inhumé près la ville de Gele. » (1) Il ne semble pas qu'on se fût étonné du procédé de l'archonte Apsephion ; peut-être avait-on coutume, quand un personnage considérable assistait à la représentation, de le choisir avant tout autre comme juge du concours. Mais ce dut être l'exception ; le tirage au sort était la règle.

A la fin du spectacle, la sentence était rendue. Elle classait tous les poètes, mais le premier seul obtenait un prix. On le présentait aux spectateurs, et, devant eux, il recevait une couronne de lierre entourée d'une

____

(1) Plutarque, *Vie de Cimon*, ch. VIII.

longue bandelette flottante. Son nom était inscrit sur
un monument public, entre ceux du chorège et de l'archonte. Souvent, il donnait un banquet pour célébrer
sa victoire. On ne décernait aucune récompense à ses
concurrents malheureux ; il n'y avait ni second ni troisième prix ; pourtant c'était encore un honneur d'être
classé au second rang.

Les Cinq Juges dressaient en même temps une liste
des chorèges, par ordre de mérite. Le trépied qu'on
attribuait au premier récompensait en sa personne la
tribu qui l'avait désigné ; aussi le chorège vainqueur
ne gardait-il pas son prix : il allait le consacrer dans
un des nombreux temples qui bordaient à Athènes la
rue des Trépieds (1).

Pendant longtemps, on ne couronna ainsi que le
poète et le chorège. On fut amené plus tard, après le
vᵉ siècle, à couronner un personnage nouveau, l'*hypodidascale*. Au début, toute tragédie, fut-elle d'un poète
illustre, n'était jouée qu'une fois, le jour du concours ;
on ne connaissait pas nos représentations quotidiennes ;
le spectacle, accessoire de la fête de Dyonisos, ne pouvait être, comme elle, que périodique. Il est vrai qu'on
aurait pu reprendre, de fête en fête, une pièce très
acclamée ; mais ce n'était pas l'usage. Pourtant, on y
fut conduit peu à peu, à mesure que s'éloignaient les
années brillantes de la production dramatique. Les fils

______

(1) Chaignet, *La tragédie grecque*, 2ᵉ partie, ch. II, p. 258.

des trois grands poètes d'Athènes avaient toujours été
admis à se présenter au concours avec des pièces pos-
thumes de leur père. Mais le temps faisait son œuvre.
L'admiration grandissait pour ces premières tragédies.
On alla plus loin. Un décret « convia chaque année
Eschyle aux Dyonisies » (1) : c'était l'autorisation
donnée, non seulement à ses héritiers, mais à un poète
ou à un acteur quelconque de demander un chœur avec
une pièce d'Eschyle. Bientôt après, la mesure fut
étendue à Sophocle et à Euripide. De ce jour on connut
à Athènes les reprises de pièces, et une nouvelle
fonction apparut, celle d'hypodidascale : on désignait
ainsi le rééditeur du spectacle, le tenant-lieu du poète
mort, c'est-à-dire l'acteur principal qui remettait la
pièce en scène. Ce fut lui qu'on couronna. Aussi bien
était-il le seul à concourir ; l'ouvrage qu'il présentait
avait depuis longtemps son rang fixé. De plus en plus,
la valeur des poètes diminuait en même temps que les
acteurs se perfectionnaient dans leur art. Les concours
scéniques qui, autrefois, mettaient aux prises des
poètes, finirent par ne plus avoir lieu qu'entre comédiens : on couronnait le meilleur interprète, et ce fut
la dernière étape de cette évolution.

L'histoire du tribunal de critique n'a pas toujours été
sans incidents ; et en pouvait-il être autrement ? Des

(1) *Revue des Deux Mondes*, 1840, t. XXII; Magnin, *De la mise en
scène chez les anciens*.

auteurs mécontents l'attaquèrent avec violence ; on mit
en doute son impartialité, on railla sa maladresse, et
il faut avouer que les Cinq Juges ont parfois longtemps
hésité entre un chef-d'œuvre et un ouvrage médiocre,
et qu'ils ont couronné le second. Le temps se charge
de redresser ces jugements. Comme le dit Platon,
« outre les lumières, ils avaient besoin de courage » ;
et il ajoute : « il ne convient pas à un vrai juge de
juger d'après les leçons du théâtre, de se laisser
troubler par les acclamations de la multitude et par sa
propre ignorance ; il convient encore moins qu'il aille,
contre ses lumières, par lâcheté et par faiblesse, de la
même bouche dont il a pris les dieux à témoin de dire
la vérité, se parjurer en trahissant indignement sa
pensée : car ce n'est pas pour être l'écolier des spectateurs, mais leur maître, que le juge est assis apparemment et pour s'opposer à ceux qui n'amuseraient
pas le public convenablement. » (1) C'était beaucoup
demander à des hommes, et à des hommes que le sort
désignait. La critique n'est pas aisée, quoiqu'on en
ait dit : au goût littéraire, elle aime qu'on joigne parfois une certaine habileté diplomatique ; réunir ces
deux qualités, et les concilier, c'est un art difficile. Et
les juges d'Athènes s'en aperçurent bien, eux surtout
dont les brefs jugements n'admettaient pas de nuances.
On ne les trainait pas devant les tribunaux ; l'idée

(1) Platon, *Lois*, livre II; trad. V. Cousin, t. VII, p. 88.

n'était point venue encore de limiter leur droit ; mais la comédie les criblait d'épigrammes. Et cela leur était peut-être plus douloureux qu'un procès.

Une première influence s'exerçait sur eux, avec une incontestable puissance : sortis de la foule, assistant avec elle à la représentation, lés Cinq Juges devaient subir, même inconsciemment, son action. Comment auraient-ils pu y échapper ? Perdus dans l'immense théâtre, parmi un auditoire passionné, ils étaient la foule elle-même. Quand les spectateurs s'offensaient des libertés d'Euripide, il est certain qu'eux-mêmes s'en indignaient. Un jour, le poète avait fait prononcer à son *Bellérophon* des paroles qui semblèrent immorales et blasphématoires. Une grande clameur s'éleva dans l'amphithéâtre, raconte Patin, et les acteurs couraient le risque d'être lapidés quand Euripide se précipita sur la scène, et cria : « Attendez, attendez seulement, il le paiera bien à la fin. » Une autre fois, comme l'impiété de son *Ixion* avait soulevé les protestations de l'auditoire, « je ne lui ai pas, dit Euripide, laissé quitter la scène, que je ne l'eusse attaché à sa roue. » (1) Toutes ces impressions, les Cinq Juges devaient les ressentir ; le plus souvent, leur sentence n'était que l'expression de l'opinion générale ; et c'est une justice bien fragile.

Peut-être aussi leur tribunal n'était-il pas inacces-

(1) Patin, *op. cit.*, t. 1, p. 44.

sible à la faveur et à l'intrigue. Quoiqu'il en soit, les exemples sont nombreux de cas où leur jugement n'a pas concordé avec celui de la postérité. Les plus grands poètes ont échoué devant des auteurs obscurs. Eschyle comptait sur le temps pour remettre à leur place ses œuvres méconnues, jusqu'au jour où l'amertume d'un échec retentissant le décida à quitter Athènes. Sophocle eut, auprès des juges, une faveur plus constante : d'après Suidas, sur cent-vingt-trois pièces, ou cent-treize, vingt-quatre auraient obtenu le prix. C'est peu. Mais que dire d'Euripide, si, comme le dit Varron, sur soixante-quinze pièces présentées, cinq seulement ont été couronnées ; il est vrai que d'autres lui en accordent quinze (1). Le nom de leurs rivaux heureux nous est quelquefois parvenu, soutenu par la gloire des vaincus. Il faut dire, à l'excuse du jury de critique, que le génie d'Euripide ou de Sophocle ne pouvait être toujours égal ; le plus grand poète ne donne pas que des chefs-d'œuvre. Pourtant, entre Sophocle qui présentait OEdipe-Roi, et un neveu d'Eschyle, Philoclès, ce fut le dernier qu'on couronna. Près de vingt-cinq siècles ont passé, OEdipe-Roi se joue encore. Ce pourrait être une consolation pour les auteurs méconnus s'ils ne préféraient des succès plus immédiats.

La pièce condamnée par les Cinq Juges pouvait d'ailleurs reparaître ; il y avait, si l'on peut dire, un

(1) Patin, *op. cit.*, t. I, p. 69.

appel possible de leur décision. Il arrivait que l'auteur malheureux publiât sa pièce ; des comédies nous sont parvenues sous cette forme. Mais surtout, on tentait de nouveau la chance ; à un concours suivant, la tragédie classée en mauvais rang était présentée, sous une autre forme ou seulement sous un autre titre, en tous cas toujours corrigée. Beaucoup de pièces ainsi transformées furent jouées avec succès : on en cite plusieurs d'Eschyle, de Sophocle et d'Euripide qui ne connurent pas du premier coup l'honneur d'une victoire. Et M. Egger voit dans la sévérité ou l'injustice du Tribunal « un frein et un aiguillon salutaire pour le génie, trop enclin à se contenter de ses premiers essais. » Il n'est pas certain qu'un échec ait toujours eu sur les poètes une influence aussi heureuse ; la perfection pouvait n'en pas résulter. Mais ce qu'il est possible de saisir ici, c'est que, par ses arrêts, le Tribunal de critique avait une action directe sur les auteurs et la littérature.

Il ne semble pas, comme le suppose M. Egger, qu'avant la représentation solennelle des Dyonisiaques, les juges aient eu déjà connaissance de la pièce, en assistant à une répétition. L'archonte en effet ne tirait leurs noms au sort qu'au début du spectacle ; comment se seraient-ils préparés à un jugement qu'on ne leur avait pas encore demandé ? Aucun témoignage d'ailleurs ne nous est parvenu sur ce point. Des répétitions devaient avoir lieu, soit dans une salle du théâtre, soit sur une scène couverte, plus petite, qu'on appelait Odéon ; mais les acteurs seuls s'y trouvaient. Parfois les amis de l'auteur assistaient aux répétitions générales ; ils donnaient leur avis sur la pièce, mais à titre privé. En dehors des jours de représentations scéniques, aucune critique régulière ne fonctionnait à Athènes.

Malgré ses erreurs et ses défaillances, le Tribunal des Cinq Juges conserve dans l'histoire une place à part. Il a été l'expression très pure du culte d'un peuple artiste pour son théâtre, et il en a gardé, à travers les attaques, une singulière majesté. Pendant des siècles, installé aux fêtes de Dyonisos, on l'a vu juger au nom du peuple et couronner les poètes vainqueurs sans que la gloire attachée à ses récompenses se soit jamais obscurcie. Si l'on peut parler à son sujet d'un droit de critique, c'est pour dire qu'il fut absolu. Par la bouche des juges, le peuple rendait son arrêt ; ils étaient l'opinion publique. Leur décision ne pouvait être que sans appel. Le poète condamné n'avait contre elle aucun recours ; son attitude était celle de l'auteur qui, de nos jours, voit tomber sa pièce après quelques représentations : il se résignait, ou bien déplorait le mauvais goût de ses contemporains.

A côté du Tribunal des Cinq Juges qui est, à Athènes, la critique organisée, telle que nous l'entendons aujourd'hui, il existait une sorte de critique privée, parfois voisine de la satire, qui tenait dans la vie grecque une place trop importante pour qu'on puisse l'omettre ici : c'est la critique dans les comédies.

Elle y apparut, d'après M. Egger, une cinquantaine d'années après le jour où l'archonte Apsephion avait désigné Cimon et ses lieutenants comme juges du spectacle. Le poète comique Phrynichus, dans une pièce qui concourut avec *les Grenouilles* d'Aristophane, célébrait la gloire de Sophocle. De ce jour, la critique s'établit sur la scène, et elle devait s'y maintenir, âpre, violente, audacieuse jusqu'à la licence, complétant de sa verve la critique officielle et motivant à loisir l'arrêt trop bref des juges. Il n'est peut-être pas un seul auteur comique qui ne l'ait mêlée à ses fictions. Aristophane, impitoyable, frappe à droite et à gauche, parmi ses rivaux de la comédie et les poètes tragiques. Nouveau venu sur la scène, il attaque Euripide, le poursuit sans relâche. Il condamne son œuvre, dénonce son pouvoir de démoralisation, raille son style et ses fictions. Il va plus loin : il met en cause le poète lui-même, et sa vie intime ; il rappelle qu'il est fils d'une marchande de légumes, blâme ses mœurs, cherche par tous les moyens à le couvrir de ridicule. Euripide meurt. Son adversaire continue la lutte, le condamne solennellement dans *les Grenouilles*. Plus de trente poètes sont cités dans les comédies qui nous sont parvenues d'Aristophane, et c'est contre tous la même violence, l'acharnement d'une polémique qui use de toutes les armes. La liberté de la critique est entière, il ne faut compter que sur soi pour se défendre, on ne songe pas à recourir aux tribunaux. Mais le public assiste au duel, marque les coups, et, peu à peu, son jugement s'affirme : la gloire d'Euripide n'est pas entamée, elle reste intacte, en même temps que grandit celle d'Aristophane ; deux vainqueurs sont couronnés. Qu'était-il besoin de procès ! Ce n'est pas la sentence d'un tribunal qui fixe l'opinion publique. Nos querelles littéraires apparaissent bien mesquines à côté de celles-là, et nos assignations un peu risibles. On a pourtant essayé, à Athènes, de limiter un droit de critique aussi absolu, et de réprimer les abus ; les tentatives ont toujours été vaines.

Sous ses deux formes, la critique grecque reste en somme étroitement liée au théâtre ; c'est là, soit parmi les spectateurs, soit sur la scène elle-même, que tout le mouvement littéraire se trouve jugé ; et il l'est en toute liberté, aussi bien par l'auteur comique et à titre privé que par le jury officiel au nom du peuple athénien. On s'est demandé si, en dehors des banquets qui sont une particularité de leurs mœurs, les Grecs avaient connu les salons littéraires, comme il y en eut dans la France du dix-septième siècle. On a parlé de la courtisane Aspasie, la maîtresse puis l'épouse de Périclès ; elle réunissait autour d'elle une cour brillante de sophistes,

de chevaliers, de poètes, et d'hommes politiques qui,
arrivés au faîte des honneurs, venaient chercher là des
leçons d'élégance ; on a voulu voir en elle la première
féministe, et, dans ses réunions, le premier salon littéraire. Mais l'accord n'est pas fait entre ses biographes ;
on discute sur le nombre de ses amants : Périclès fut-il
le dernier ? Ou bien Lisyklès, le riche marchand de
bestiaux qui paraît l'avoir remplacé ? Et on oublie son
salon. La question reste entière. En tous cas, elle ne
peut concerner que l'histoire littéraire : quand il s'agit
de conversations privées, il n'y a pas à parler d'un droit
de critique.

CHAPITRE II

Rome

Il semble qu'ici on tombe en pleine barbarie : des dieux sévères et pratiques, plus sensibles à la matérialité d'un présent utile qu'à l'encens d'un chant lyrique, des hommes qui ont la haine de tout ce qui n'est pas l'action ; aussi point d'aèdes pour initier les premiers siècles à l'harmonie des vers et constituer la base d'une littérature nationale : le silence et l'obscurité. En épigraphe de ce chapitre, on pourrait écrire cette parole de Caton rapportée par Mommsen : « La profession de poète était jadis inconnue ; ils méritèrent le nom de fainéants ceux qui les premiers s'y adonnèrent. »

C'est qu'en effet l'éclosion de la poésie et du théâtre n'a pas été spontanée à Rome comme elle le fut à Athènes. La préparation manquait. On avait vécu près de la terre, attentif à la culture, se défiant des voisins, avec le souci constant d'agrandir son champ. Quand on révéla les arts à ce peuple rude, il connut aussitôt qu'il n'y pourrait briller et que le génie de sa race le menait ailleurs. A la fête annuelle de la cité, on s'était longtemps contenté des courses de chars. Il fallut qu'une peste éclatât en 390 pour qu'on songeât à organiser des représentations scéniques ; on espérait, par cette innovation, apaiser la colère des dieux. On dressa dans l'arène un échafaud en planches ; et ce furent à Rome les débuts du théâtre. Il prit aussitôt la forme grecque. Les Romains avaient conscience de leur insuffisance en matière d'art : ils se bornèrent à imiter. Plaute ne se donne-t-il pas lui-même pour un traducteur, et très fidèle ? Et d'ailleurs, on aurait mal accueilli à Rome une pièce qui ne se fût pas réclamée d'une origine grecque.

En tous cas, et c'est peut-être parce qu'il n'était pas une coutume nationale, le théâtre romain resta toujours sous le coup d'une proscription morale qui, du premier jour, l'atteignit. Il était essentiellement antiromain et révolutionnaire, on s'en défiait, on le regardait de loin, on n'y aurait pas touché sans déshonneur. On laissait la scène aux esclaves et aux affranchis. « Monter sur le théâtre pour de l'argent et sans masque devint chose vile ; chanteur et poète, danseur de corde et arlequin, tous furent mis impitoyablement sur la même ligne. » (1) Les censeurs les écartaient de la vie publique, les excluaient du vote à l'assemblée du peuple. La police urbaine surveillait

(1) Mommsen, *Histoire romaine* (traduction Alexandre), t. II, p. 294.

la direction des spectacles. Tout artiste pouvait être arrêté et châtié, sans recours possible, par les officiers publics de la cité. Il n'y avait d'exception que pour les atellanes, pièces d'origine étrusque, dont la jeunesse romaine s'attribuait exclusivement la représentation ; on les jouait librement, sans être rayé de sa tribu ni exclu du service des légions. Ce cas excepté, les magistrats jouissaient d'un pouvoir sans limites sur le théâtre et les artistes. C'est l'exacte contre-partie des mœurs grecques, la réplique à la théâtrocratie athénienne : le théâtre vivait à Rome dans une atmosphère d'hostilité et de mépris.

Le milieu semble déjà assez peu favorable à l'éclosion d'une critique. On n'eût pas songé à établir un jury officiel. Et ce n'était pas à l'auditoire, « à cette foule tumultueuse, remuante et vulgaire, à ce public de paysans ivres et d'ouvriers en goguette » (1) qu'on eût pu demander un jugement littéraire ; encore moins, comme à Athènes, aux auteurs comiques : la critique allait rencontrer, dans la rigueur des lois romaines, un nouvel obstacle, aussi infranchissable que l'autre.

La plus ancienne législation de Rome connaît déjà le délit d'injure. Les xii Tables le punissent rigoureusement ; elles fixent un tarif légal de 300 à 150 as pour la fracture d'un os, de 25 as pour les violences légères, mais elles mettent à part des cas exceptionnels pour

____

(1) René Pichon, *Histoire de la littérature latine*, p. 60.

lesquels elles conservent à la victime l'antique droit de
vengeance : s'il y a eu rupture d'un membre (*membrum
ruptum*) ou écrit diffamatoire (*carmen famosum*), la victime peut en toute liberté se venger de son agresseur,
à moins qu'elle ne s'accorde avec lui sur une compo-
sition volontaire. Dans l'hypothèse de carmen famosum,
il est même question de la peine capitale infligée à l'aide
des verges (1). Une telle législation, qui nous paraît bar-
bare, était pourtant le produit d'une très lente évolution
et un progrès certain sur l'état antérieur. Elle devait
s'adoucir encore ; mais ce fut sur ces bases et dans cet
esprit que le droit romain s'édifia en matière de diffamation.

On interdit aux auteurs de nommer sur la scène un
personnage vivant, et la méfiance romaine proscrivait
ainsi l'éloge comme le blâme. On défendit même l'allusion à un évènement du jour. Le vieil auteur comique
Gnæus Naevius dut un jour transgresser cette règle,
et il apprit à ses dépens qu'à Rome les lois ne de-
meuraient pas lettre morte : on le jeta en prison. Il eut
le temps d'y réfléchir, et, dans des œuvres nouvelles,
fit amende honorable. On le relâcha ; mais la liberté
lui rendit son audace, et on finit par l'exiler. (2) On eût
condamné à mort Aristophane ; et pourtant, par ses
excès même, une œuvre violente perd de la portée : les

(1) Girard, *Droit romain*, p. 398.
(2) Mommsen, *op. cit.*, t. IV, p. 210.

attaques n'ont pas enlevé à Euripide une parcelle de sa gloire. En tous cas, la libre critique dans les comédies n'a jamais été à Athènes un danger public. Mais elle le fut à Rome.

Les dispositions semblaient bien prises pour réfréner chez les auteurs un écart de langage ; la prison et l'exil constituaient déjà une mesure salutaire. On jugea prudent de compléter cet arsenal, et on établit une censure préalable. Cicéron, dans une lettre à un ami, critique les pièces jouées au théâtre de Pompée et fait porter au censeur Spurius Metius Tarpa la faute d'un aussi mauvais choix (1). Ce n'est pas d'aujourd'hui qu'on raille la censure. A Rome, du moins, les institutions étaient solides : on la garda. Sa puissance même grandit, et Auguste paraît l'avoir investie d'une juridiction politique.

Les atellanes semblent avoir seules connu, sur le théâtre romain, le privilège d'une demi-liberté, tout au moins à leur début. C'étaient des pièces satiriques, d'origine latine, dont les jeunes Romains se réservaient la représentation : elles raillaient les mœurs des paysans campaniens, et les ridicules de la petite ville. Leur faveur fut courte. Après Auguste, la satire des atellanes devint politique, elle atteignit l'empereur. Pour un vers méchant, Caligula fit brûler un acteur en

(1) *Revue des Deux Mondes*, 1840, t. XXII; Magnin, *De la mise en scène chez les anciens.*

plein amphithéâtre ; et Domitien, suivant son exemple, punit de mort une allusion à son divorce. Néron s'était contenté d'exiler l'histrion Datus (1) qui avait rappelé dans une atellane deux crimes de l'empereur.

Dans une société aussi réglementée, il ne pouvait être question d'un droit de critique ; on ne l'a pas connu à Rome, et la littérature s'en est ressentie. Et puis, il y eut peut-être une inaptitude de l'esprit romain à concevoir la critique littéraire ; comme le dit M. Brunetière, « elle avait quelque chose de trop désintéressé, de trop détaché de l'usage de la vie, de trop exclusivement littéraire en un mot. » Elle se réduisit à la grammaire et à la rhétorique, s'efforça de perfectionner la langue et de former des orateurs pour les luttes du forum, toujours utilitaire et pratique, dédaigneuse de la spéculation. Et c'est encore, à travers les siècles, le paysan des premiers âges qu'on retrouve à Rome, jusqu'au dernier jour, sous le vernis de la civilisation impériale.

(1) Maurice Meyer, *Des atellanes, Essai sur le théâtre latin.*

CHAPITRE III

La France jusqu'au XIX° siècle

La critique apparaît fort tard en France. C'est en
1549, à la date du manifeste de la Pléiade, que M. Brunetière fixe sa naissance. Mais ce n'était là qu'une
théorie d'art, abstraite, qui posait des principes et ne
jugeait pas. La critique littéraire proprement dite, qui,
seule, soulève la question d'un droit parce qu'elle
s'exerce sur une œuvre et une personne, ne devait
naître que beaucoup plus tard, au dix-septième siècle.

La France a traversé les longues années du moyen
âge sans connaître de critique. C'est que la littérature
de ce temps, remarque M. Brunetière, « avait pour
caractère essentiel d'être impersonnelle et anonyme. » (1) Tous les esprits semblent coulés dans un
même moule, et l'œuvre littéraire ne pouvait trouver de
juges : l'uniformité de pensées supprime la critique. A
ce moment, on voit le théâtre naître dans l'église. Les
mystères sont intercalés dans l'office, et font corps avec
les cérémonies du culte. Le fidèle qui vient aux vêpres

(1) Brunetière, *Grande Encyclopédie*, au mot Critique.

assiste au spectacle avec une égale ferveur ; et, à cette
époque de foi universelle, c'était la population tout
entière qui formait l'auditoire de ces premières représentations. Mais comment, parmi ces âmes simples et
de tranquille confiance, l'idée d'une critique aurait-elle
pu naître ? Il faudrait les rapprocher de ces Grecs qui
vivaient au temps des aèdes, et qui, eux aussi, applaudissaient d'avance, trop respectueux pour juger.

Cependant, le théâtre se dégageait peu à peu de ses
origines religieuses. Depuis un arrêt du Parlement, en
1548, les mystères avaient disparu, et, avec eux, le seul
théâtre national et populaire qu'eût possédé la France.
La comédie se développait avec la Basoche et les
Enfants sans souci, et créait une tradition qui passait
dans le théâtre moderne imité de l'antique. Mais la critique ne paraissait pas. Il faut arriver aux grandes
œuvres du dix-septième siècle pour l'apercevoir enfin.
La *querelle du Cid* est restée célèbre. Corneille, illustre
du jour au lendemain, vit aussitôt les jalousies se
liguer contre lui ; Mairet, Scudéry, Claveret, tous ceux
qui, la veille, applaudissaient le confrère obscur, se
tournèrent contre le triomphateur ; au premier rang,
Richelieu menait la lutte. « Les rues ne retentissaient
plus que du bruit des vendeurs de pamphlets pour ou
contre le Cid. » (1) La polémique cessa quand Cha-

(1) R. Doumic, *Histoire de la littérature française*, p. 239.

pelain eût rédigé les *Sentiments de l'Académie*, et Corneille revint aux sujets antiques.

Racine, plus encore que lui, fut en butte aux attaques ; et il avoue lui-même qu'elles le faisaient souffrir : « quoique les applaudissements que j'ai reçus m'aient beaucoup flatté, la moindre critique, quelque mauvaise qu'elle ait été, m'a toujours causé plus de chagrin que les louanges ne m'ont fait de plaisir. » (1) Chacune de ses pièces donne lieu aux plus amères critiques, et suscite des cabales. Un instant, le succès d'Andromaque déroute ses ennemis, mais ils se retrouvent, font échouer *les Plaideurs* et *Britannicus*. *Phèdre* enfin tombe, vaincue par la pièce rivale de Pradon ; et Racine, découragé, et aussi pris de scrupules religieux, renonce à la scène.

Molière fut plus heureux. La faveur royale ne lui fit jamais défaut, et le succès ne l'abandonna guère. Mais il eut, lui aussi, à lutter toute sa vie. Il devait trouver dans le parterre un fidèle allié : c'était un public rude, mais indépendant dans ses arrêts, et qui décidait du sort des pièces. Grâce au parterre, Molière put tenir tête à ses détracteurs. La critique dramatique, à cette époque, s'exerçait moins par les compte rendus écrits que par les conversations de cercles littéraires et les répliques données sur la scène même aux œuvres discutées. On tenait peu de compte de la gazette de

(1) R. Doumic, *op. cit.*, p. 337.

Loret ; les opinions se faisaient jour dans les salons, et on y décidait les attaques. C'est à une critique de ce genre que Molière répondit dans la *Critique de l'Ecole des Femmes*. Ses ennemis ripostèrent par une *Critique de la Critique*, et par *la Contre-Critique* de Boursault, jouée sur la scène rivale de l'Hôtel de Bourgogne. La polémique se continua : *l'Impromptu de Versailles* répondit à Boursault ; *la Vengeance des Marquis* semble avoir laissé le dernier mot aux adversaires de Molière (1).

A partir du dix-septième siècle, les discussions littéraires ne cessent plus. C'est la grande *querelle des Anciens et des Modernes*, suscitée par Perrault en 1687 et qui ne se termine que vingt-six ans plus tard avec la lettre de Fénelon *sur les occupations de l'Académie Française*. Ce sont les innombrables polémiques du dix-huitième siècle, éparses dans les œuvres de Voltaire, des Encyclopédistes, dans la correspondance de Grimm et Diderot. C'est enfin, au début du dix-neuvième siècle, la lutte entre classiques et romantiques. Mais on reste sur le terrain littéraire ; les querelles prennent fin sur la décision d'un homme de goût qui se pose en arbitre, sur la publication d'un manifeste qui démonte l'adversaire, sur une victoire à la scène. Maintenant le combat va changer d'aspect. On s'avise qu'il

____

(1) Karl Mantzius, *Molière* (traduction Maurice Pellisson), p. 177.

y a des tribunaux, on monte les degrés du Palais de
Justice ; on s'assied entre un ménage mal assorti et un
propriétaire mécontent de son locataire. On va plaider.

SECONDE PARTIE

Le droit de critique contemporain

———

C'est dans la première moitié du dix-neuvième siècle qu'auteurs et critiques vinrent un jour demander à la justice de trancher leurs différends. On savait qu'ils ne s'entendaient pas toujours ; depuis qu'il y avait au monde des littérateurs, on s'était accoutumé au bruit de leurs querelles. Mais ils les réglaient en champ clos ; dans cette république en perpétuelle révolution, on n'admettait pas l'intervention étrangère. Et voilà que, tout à coup, on la sollicitait. Parmi les magistrats, l'étonnement fut grand, et une secrète fierté leur vint d'être choisis comme arbitres : « Messieurs », disait, en 1834, M. de Gérando, avocat du Roi, dans ses conclusions à l'un de ses procès, « la plainte portée devant vous par le directeur de la France littéraire contre le gérant du Constitutionnel, tend à vous investir d'une attribution nouvelle, inaccoutumée. Elle vous a érigé, vous, sixième Chambre de police correctionnelle, en tribunal académique ! » A vrai dire, il ne s'agissait que d'une plainte en refus d'insertion : fallait-il, en droit, l'admettre ou la rejeter, c'est une question qu'aurait mal tranché un tribunal académique. Mais la qualité des plaideurs, le nom de Théophile Gautier, signataire de l'œuvre critiquée, faisaient du procès une aventure si nouvelle et si étrange que M. de Gérando se crut autorisé à discuter le point de droit avec des arguments littéraires : il blâma « les nébuleuses théories des sectaires de l'école romantique », condamna « cette déplorable prostitution du talent qui s'étalait orgueilleusement dans quelques journaux », et conclut au rejet de la plainte.

Depuis 1834, les procès de ce genre se sont multipliés. Ils attirent encore à la salle d'audience un public nombreux qui s'y donne rendez-vous entre une répétition générale et la conférence à la mode. Mais personne ne s'en étonne plus : ils sont devenus le dénouement ordinaire de ces querelles qui restaient autrefois si bien limitées au domaine de la littérature. Quel événement était donc survenu pour modifier aussi brusquement la physionomie de ces discussions d'écrivains et les orienter tout à coup dans une voie que, jusqu'alors, elles n'avaient pas suivie ?

C'est au développement de la presse qui suivit la Révolution, et à l'apparition de la critique dans les journaux qu'il faut rattacher l'origine de ce mouvement.

Jusqu'au dix-neuvième siècle, la critique n'avait été qu'une œuvre littéraire quelconque ; l'idée ne venait pas d'agir en justice contre un roman ou une pièce de théâtre, et pas davantage contre une critique. Les seules armes admises étaient la réplique, le pamphlet. Molière répondait sur son théâtre, et Racine dans des préfaces. On cherchait à mettre de son côté l'opinion publique ; au besoin, on opposait cabale à cabale. Du jour où la critique passa dans les journaux, la lutte changea de forme, par une nécessité qu'on n'avait pas prévue. La presse, depuis la loi du 25 mars 1822, était soumise à une législation spéciale qui réglementait sa liberté, et lui imposait des devoirs exceptionnels. Le feuilleton littéraire, qui apparaissait maintenant entre un article politique et la rubrique des faits-divers, se trouva tomber, comme eux, sous le coup de la loi ; on oublia qu'il était *la critique* pour ne voir en lui que l'article de journal, et on le soumit au régime commun. Le député mis en cause et l'auteur attaqué purent au même titre invoquer la loi et réclamer les privilèges qu'elle établissait au profit des particuliers. Et ce fut justement le plus important de ces privilèges, le droit de réponse, que les auteurs demandèrent dans leurs premiers procès : preuve que l'apparition de la critique dans les journaux suffit à déterminer la phase judiciaire où elle allait entrer.

Dans le cours du dix-neuvième siècle, les tribunaux

ont été souvent appelés à statuer sur ces questions nouvelles. Il leur a fallu décider si toutes les dispositions
sur la presse étaient applicables à la critique, et dans
quelle mesure on pouvait l'y soumettre, sans gêner la
liberté de son action. Une jurisprudence s'est formée,
d'abord incertaine, aujourd'hui constante en ses solutions ; elle a été amenée peu à peu à définir le droit
de critique, et à déterminer ses limites. Les deux
grandes — et seules — questions qui se sont présentées à
son examen, sont nées l'une et l'autre des lois sur la
presse de 1822 et de 1881 : les *limites du droit de critique*, et l'application du *droit de réponse en matière
de critique* feront l'objet des deux chapitres de cette
étude.

CHAPITRE I

Limites du droit de critique

1. — Les principes

La critique n'est pas une arme inoffensive. Les hommes à qui on la confie ont une juridiction redoutable sur les écrivains et les artistes ; et si, le plus souvent, ils l'exercent avec indulgence, il est pourtant toujours aisé de discerner sous l'apparence d'un éloge banal la réalité d'une condamnation. Peut-être d'ailleurs la franchise d'un blâme formel est-elle moins douloureuse à un auteur que l'ironie d'un mauvais compliment ; il conclut volontiers de la rudesse de l'accueil à la valeur de l'ouvrage, il croit au parti-pris, se révolte, répond à l'attaque et bénéficie du bruit fait autour de son nom : la curiosité du public s'éveille ; on achète le volume, on va voir la pièce, et l'auteur triomphe, du moins pour un instant. Une blessure d'amour-propre n'est jamais mieux pansée que par un succès.

Pourtant, il serait paradoxal d'attribuer à la critique un rôle aussi ingrat : il ne lui suffit pas de rendre un jugement défavorable pour qu'une pièce connaisse les honneurs de la « centième » ou qu'un roman atteigne un nombre glorieux d'éditions. Et même, c'est une très rare exception ; le plus souvent, et surtout au théâtre, l'opinion de la critique décide du sort de l'œuvre. Et c'est là qu'apparaît l'énormité du préjudice qu'elle peut causer à celui, auteur ou comédien, qui se présente à son examen. Elle ne le frappait tout à l'heure que dans son amour-propre ; et, si le coup était douloureux, du moins il n'était pas mortel : on guérit de ces blessures-là. Mais voilà maintenant que son appréciation va nuire dans leur vie matérielle à ceux qu'elle condamne. A cause d'elle, une pièce va tomber misérablement ; les bénéfices pécuniaires sur lesquels comptait l'auteur vont aussitôt s'évanouir, les dépenses faites pour la mise en scène ne seront pas recouvrées, le théâtre qui a pris les frais à sa charge aura dépensé sans profit une somme importante et peut-être des mois de travail. Et qu'on ne dise pas qu'une telle série de catastrophes soit en pratique irréalisable et qu'en tous cas la critique n'en puisse être accusée. Combien d'auteurs, ignorés ou méconnus, n'ont dû qu'à son mauvais accueil la situation médiocre où s'est écoulée leur vie ! Il y a eu, dans des mairies de province, de modestes expédition-naires qui se sont révélés poètes cinquante ans après leur mort, et qu'on étudie gravement en Sorbonne. Des auteurs dramatiques, connus de leur vivant pour leurs insuccès, deviennent tout à coup illustres quand ils ne sont plus là pour profiter de la gloire. Et tout le monde connaît ces théâtres qui semblent vouloir épuiser la malchance, montent des ouvrages condamnés d'avance, et voient les noms de leurs directeurs se succéder aussi vite que, sur l'affiche, les titres de pièces. Sans doute y a-t-il dans ces disgrâces persistantes une part de fatalité : les auteurs sifflés sont venus trop tôt, l'opinion publique était mal préparée à les recevoir. Mais la critique fait plus que résumer l'impression de la foule ; elle agit sur elle et la conduit ; son arrêt n'est pas souvent cassé, et c'est bien lui en définitive qui est à la base d'un succès ou d'un échec.

Le pouvoir de la critique est plus redoutable encore quand il s'exerce sur un comédien. Une pièce tombe, et le théâtre qui la joue ne voit pas, de ce fait, son existence compromise ; les recettes réalisées antérieurement, le capital de la société l'aideront à supporter une perte passagère dont l'éventualité même était prévue. L'auteur lui-même, tout en escomptant des bénéfices, ne se trouvera pas réduit à la misère par son échec ; la carrière littéraire est incertaine, il n'en a pas attendu un gain régulier, et, s'il a espéré par elle, la fortune ou la célébrité, il sait qu'elles tarderont à venir, si jamais elles viennent. Mais le comédien vit de son art ; il touche à son théâtre des appointements fixes sur lesquels il compte ; il les considère comme la juste rému-

nération de son travail ; il les a vus augmenter avec
son talent et la faveur où on le tient, mais il ne suppose
pas qu'ils puissent un jour diminuer. Pourtant, que
soudain la critique lui découvre un défaut ; qu'on s'a-
vise qu'un ténor a la voix fausse ou seulement que la
jeune première a cinquante ans. Le public qui n'y avait
pas pris garde, va tout à coup changer d'avis et briser
son idole ; le directeur qui songe à son théâtre, ratifie
cet arrêt en renvoyant son pensionnaire. Et sur un débutant, l'influence d'une critique sévère est plus déci-
sive encore ; comment pourra-t-il demeurer dans une
profession où son premier pas est mal accueilli ? Une
jeune actrice s'était autrefois plainte de Sarcey qui ne
lui avait « pas même trouvé le talent d'une écolière de
troisième ordre. Il résultera de l'assertion de M. Sarcey, écrivait-elle au gérant de l'Opinion nationale, que
la salle sera déserte, la débutante découragée, le directeur mécontent, et enfin que mon avenir sera
détruit. » Elle résumait en ces quelques mots tout le
déplorable effet d'une critique sévère.

Et pourtant, malgré ses atteintes aux intérêts moraux
et matériels de ceux qu'elle attaque, on a toujours
admis la critique. C'est qu'elle s'impose d'abord dans
un intérêt général : « Seule ou presque seule de toutes
les grandes littératures modernes, dit M. Brunetière, si
la littérature française a ce que l'on appelle une histoire
suivie ; si la succession des grandes époques y est à

peine interrompue de loin en loin par quelques époques plus pauvres ; et, si la régularité même de cette succession n'a pas laissé d'aider au développement des meilleures qualités de l'esprit français, il y aurait plaisir à faire voir que l'honneur en revient pour une grande part à la critique. » (1)

Cette fonction régulatrice sur la littérature suffirait à faire oublier les quelques ruines particulières que peut entraîner la critique ; elles sont compensées, et au-delà, par son influence bienfaisante sur la direction générale de l'art. Mais ceux-là même qui parfois souffrent de ses avis, sont amenés le plus souvent à en profiter. « Il faut, disait l'Académie Française à propos de l'examen du Cid, que les remarques des défauts d'un auteur ne soient pas des reproches de sa faiblesse, mais des avertissements qui lui donnent de nouvelles forces, et que, si l'on coupe quelques branches de ses lauriers, ce ne soit que pour les lui faire pousser davantage en une autre saison. » L'auteur et le comédien ont tout à gagner à une critique impartiale ; elle les éclaire sur leurs défauts, et n'est-ce pas déjà leur donner le moyen d'y remédier ? Peut-être on nous dira que cette espérance est une bien grande naïveté, et que, pour un auteur, il n'y a qu'un critique de bonne foi : celui qui l'applaudit ; les autres sont des jaloux ou des inca-

(1) *Revue des Deux Mondes*, 1898, t. CXLI, p. 458 (cité par Le Poittevin, *Traité de la Presse*, t. II, § 745).

pables : on les méprise. Je le veux bien. Mais cela n'em-
pêche que l'appréciation sévère, si elle est judicieuse,
ne sache toujours s'imposer à l'esprit de l'auteur récal-
citrant, et qu'en fin de compte, il ne se trouve avoir
retiré plus d'avantage d'un blâme que d'un éloge.
Il ne l'avouera pas ? Et qu'importe, pourvu qu'il en
profite.

Il faut ajouter qu'à cette lutte hasardeuse, il court
aussi bien la chance de gagner que le risque de perdre ;
et il dépend de lui que les chances soient supérieures
aux risques puisqu'après tout, c'est son œuvre qu'on
juge : si elle est bonne, il y a des probabilités qu'il ga-
gnera la partie. Et alors, quel triomphe ! L'une après
l'autre, les éditions du roman s'enlèvent, des journaux
s'en emparent, des traducteurs le répandent à l'étranger,
des dessinateurs notoires se disputent l'honneur de l'illustrer. Au théâtre, le succès est plus bruyant encore.
Les journalistes assiègent la porte de l'auteur et sollicitent des confidences ; s'il veut demeurer invisible, ils
envahissent le cabinet du directeur, les loges des interprètes, se renseignent auprès des machinistes ; on cite
ses mots d'esprit, au besoin on lui en attribue, qu'il pré-
fère n'avoir pas faits ; on révèle la genèse de la pièce, et
comment elle prit naissance ; on va photographier le coin
de campagne où elle fut écrite. L'optimisme est universel : les répétitions ont été une fête chaque jour
renouvelée ; on se renvoie les compliments ; mais tous

les éloges, et jusqu'à l'harmonie des toilettes, sont un hommage au talent se l'auteur. Sa gloire est complète si on le caricature. Cependant, les représentations se succèdent et permettent d'augurer un succès fructueux. Ce sont là des compensations à l'amertume d'un échec possible : à égalité de chances, le jeu vaudrait qu'on le tente.

Mais ce ne sont là que raisons étrangères à l'existence de la critique et qui, à elles seules, ne l'entraînent pas. On imagine très bien une institution qui concourrait au bien de tous, mais que, pourtant, on ne possède pas. Telle, jusqu'ici, apparaît la critique. Il y a autre chose à dire. Elle est la conséquence nécessaire de la publicité, et sa mise en œuvre ; elle ne peut pas ne pas exister. Publier une pièce ou un roman, c'est, par définition même les rendre *publiques*, les livrer au jugement de la foule ; qu'elle s'abstienne de répondre à cet appel, et le roman demeure inconnu, la pièce sombre dans l'indifférence. N'est-ce pas encore M. Brunetière qui, dans un procès célèbre, disait que l'auteur d'une œuvre théâtrale *provoque* le public en mettant sa pièce à la scène ? Et cela est vrai : la critique est la réponse. Sans elle, la publicité n'est qu'un mot vide de sens. Le lien ne peut être plus étroit. « Si vous ne voulez pas qu'on critique votre talent, dit M. Fabreguettes, ne montez pas sur les planches ; si vous ne voulez pas qu'on juge vos discours, vos livres, ne parlez pas en public, ne publiez pas vos livres. Mais du moment que vous êtes monté sur les planches, que vous avez abordé la tribune, publié une œuvre artistique ou littéraire, toute personne, tout journaliste peut vous juger comme il lui plaît. » (1)

Et voilà que, née de la publicité, la critique, qui était un fait, est devenue un droit. Le romancier convie le public à juger son ouvrage : il attend de lui son arrêt qu'il espère favorable autant qu'il le redoute sévère ; mais il a calculé ses chances, et, en le réclamant, il s'est engagé à l'accepter, fut-il un arrêt de condamnation. Il a permis à tous d'apprécier sa réputation littéraire, de l'attaquer même si elle semble usurpée, et de la détruire. De droit commun, un pareil empiètement sur la liberté individuelle est réprimé par la loi ; mais ici, c'est le romancier lui-même qui l'a sollicité, et il s'est interdit d'avance de recourir à la protection légale. Ce n'est encore qu'une convention privée. Mais les tribunaux l'ont sanctionnée parce qu'elle était avantageuse à toutes les parties ; et elle est devenue un droit, soustrait au régime commun, et qui s'est construit à part et sans heurts parce qu'aussi bien il était aussi facile à définir que ses limites aisées à tracer.

C'est d'abord la protection de l'article 1382 du Code Civil qu'il a fallu écarter : « Tout fait quelconque de

____

(1) Fabreguettes, *Délits politiques et infractions par la presse*, t. II, p. 177.

l'homme qui cause à autrui un dommage, oblige celui par la faute duquel il est arrivé, à le réparer. » Que le préjudice causé soit matériel ou moral, la responsabilité est encourue et se solde en dommages-intérêts. Mais encore faut-il que le fait, origine du dommage, ait été illicite : l'usage normal d'un droit ne donne jamais lieu à réparation ; et c'est dans ce caractère illicite du fait et dans l'imputabilité à son auteur que s'analyse la faute exigée par l'article 1382. Or ici, le critique, en appréciant le talent littéraire d'un écrivain, l'habileté d'un statuaire ou le jeu d'un comédien, n'a fait qu'user du droit qu'ils lui ont donné contre eux-mêmes et que reconnaissent les tribunaux ; s'il leur a causé un préjudice, il n'en a pas moins agi rigoureusement dans les limites de ce droit. Et dès lors, son acte n'est pas illicite, et l'article 1382 devient inapplicable.

En matière pénale, on se heurtait à l'article 13 de la loi du 17 mai 1819, reproduit textuellement par l'article 29 de la loi du 29 juillet 1881 : « Toute allégation ou imputation d'un fait qui porte atteinte à l'honneur ou à la considération de la personne ou du corps auquel le fait est imputé, est une diffamation. » L'article 30 punit le délit d'emprisonnement et d'amende. Que fallait-il entendre par ce terme de considération ? S'il était assez large pour comprendre la renommée artistique et littéraire, c'était un obstacle au droit de critique. Les auteurs de la loi se sont expliqués sur ce point avec

assez de précision pour qu'aucun doute ne puisse subsister. Un jugement rendu en 1834 par le tribunal correctionnel de la Seine (1), rappelle les paroles qui furent
prononcées à la discussion du projet. Dans la séance de
la Chambre des Députés du 19 avril 1819, le Garde des
Sceaux définissait ainsi le sens du mot considération :
« Un homme quelconque a mérité par ses actions, par
sa vie tout entière, une portion d'estime ; il a acquis
une mesure de considération morale parmi ses conci-
toyens ; eh bien, voilà le patrimoine que la loi doit protéger et défendre. » Et, comme un amendement avait
été proposé qui substituait le mot *réputation* à celui de
considération, M. Guizot, commissaire du Roi, le com-
battit en ces termes : « La réputation s'applique en
général à la culture des sciences et des lettres, aux pro-
fessions libérales. On dit d'un médecin, d'un avocat,
d'un artiste, qu'il a de la réputation, cela veut dire qu'il
a du talent. En employant ce mot, vous donneriez donc
à votre article une extension que vous ne voulez pas lui
donner. » Cette fois, il n'y avait plus d'ambiguïté possible : on conservait à la rédaction de l'article sa forme
primitive pour que le droit restât entier d'apprécier la
réputation artistique et littéraire. C'était la consé-
cration de la liberté de la critique. La loi du 29 juillet
1881 l'affirmait à nouveau en transcrivant sans y rien
changer l'article 13 de la loi de 1819.

(1) Trib. de la Seine, 17 juillet 1834; *Gaz. Trib.*, 17 juillet 1834.

Est-ce à dire pourtant que cette liberté soit entière et que le droit de critique ne connaisse pas de limites ? L'auteur a soumis son ouvrage au contrôle de l'opinion : est-il maintenant sans défense contre elle, dans la situation d'une victime volontaire, ligottée de son plein gré, et qui s'offre à toutes les attaques, même haineuses et passionnées, à toutes les appréciations, même aux calomnies ?

Il n'y a pas de liberté qui soit sans limites ; même il y en a dont le domaine est si étroitement borné qu'on en vient à douter qu'elles puissent encore y vivre. La liberté de critique ne fait pas exception mais elle est une des plus larges qui existe. Et c'est encore ici la notion de publicité qui va intervenir et qui suffira à déterminer ses limites : *sur ce qui est livré au jugement de la foule, le droit de la critique est absolu, mais il s'arrête là : de l'œuvre présentée, il ne peut s'étendre à la personne de l'auteur.* Une pièce est jouée au théâtre ; on appréciera l'intérêt de l'intrigue, sa portée, le talent dramatique de l'auteur, le jeu des interprètes. Aller plus loin serait sortir de son droit : la considération morale n'a pas été portée à la scène, elle reste en dehors de la discussion. Et ce n'est pas seulement, comme le fait observer M. Grellet-Dumazeau, la probité de l'homme privé qu'il faut réserver, c'est encore « cette probité particulière à l'homme de l'art qui rend sa moralité personnelle solidaire de la moralité de son œuvre » (1), et qu'on pourrait appeler la probité professionnelle. Accuser un peintre de produire comme original un tableau copié, dénoncer un auteur comme plagiaire, ce n'est plus émettre une critique artistique ou littéraire, c'est attaquer la bonne foi et la considération professionnelle qui est une partie de la considération morale. « L'auteur n'est plus accusé de débiter un produit de mauvaise qualité, mais de tromper sur la qualité de ce produit. » (1) On met en doute son honnêteté ; il n'avait pas permis qu'on la discutât : il va se trouver en droit de se plaindre.

Et il retrouve à ce moment la protection ordinaire qu'en publiant son œuvre, il s'était interdit de réclamer à la loi. On a critiqué son talent, et il n'a pas protesté parce que lui-même avait sollicité un jugement. On attaque son honneur, on entre dans sa vie privée ; et cela n'est plus licite : il va se prévaloir de la loi de 1881. Dès l'instant où la critique a cessé d'apprécier sa réputation littéraire ou artistique pour attaquer sa considération morale, on est retombé sous le coup de l'article 29 : si une imputation précise est dirigée contre lui, c'est une *diffamation* prévue par l'alinéa premier : s'il n'y a qu'une expression outrageante, indépendante d'un fait diffamatoire, c'est le délit que l'alinéa 2 qualifie d'*injure*. Et il n'est pas nécessaire de prouver l'intention de nuire qui est l'élément moral essentiel de

(1) Grellet-Dumazeau, *Traité de la Presse*, t. 1, § 112.

tous les délits ; une jurisprudence constante admet que
« les imputations de nature à nuire à l'honneur ou à la
considération sont réputées de droit faites avec une
intention coupable » ; présomption qui d'ailleurs peut
disparaître « en présence de faits justificatifs, suffisants
pour faire admettre la bonne foi et, par conséquent, le
défaut d'intention de nuire. » (1)

En même temps, il va demander des dommages-intérêts en vertu de l'article 1382 du Code Civil, et un
dommage moral suffira à fonder son action. On est
revenu au droit commun.

2. — La jurisprudence

Les principes qui régissent la question sont trop
certains pour qu'on puisse constater la moindre hésitation dans la jurisprudence ; ses solutions s'inspirent,
toutes, des distinctions qui viennent d'être exposées.
Et, si le nombre des procès est grand, ce n'est pas qu'il
y ait eu ici un doute sur ses intentions, et qu'on ait
voulu les lui faire préciser ; c'est seulement que la
limite est vite franchie entre la critique permise et l'attaque défendue, et qu'il n'est pas toujours aisé de la
reconnaître.

D'une manière générale, le principe qui a été dégagé
s'applique à tous les genres de critique, littéraire, dra-

(1) Fabreguettes, *op. cit.*, t. II, § 289, p. 431.

matique, et artistique : le droit est absolu de critiquer ce qui est livré à la publicité, mais rien de plus. Pourtant, comme des questions spéciales s'élèvent à propos de chacune d'elles, on les étudiera dans trois paragraphes distincts.

§ 1. — CRITIQUE LITTÉRAIRE

1° *Attaques personnelles*

Tous les procès ne se terminent pas comme celui que cite, sur la question, M. Chassan (1). M. André Murville, homme de lettres et auteur dramatique, avait publié un violent pamphlet contre Alexandre Duval, directeur de l'Odéon, qui porta la querelle devant les tribunaux. A l'audience, Berryer père, défenseur de M. Murville, paraphrasa avec esprit chacune des imputations du libelle : « Homme sans éducation ?, disait-il dans sa plaidoirie : vous vous en faites un titre d'honneur ; vous ne devez vos succès qu'à vous-même. Paresseux, indolent ? Horace, Pline, ont loué ceux qui vivaient dans cette douce habitude ; *dulce otium*, c'était le naturel du bon La Fontaine : Regnard, votre modèle, a fait l'éloge de la paresse ; La Rochefoucauld en forme l'apanage du philosophe. Envieux, jaloux ? Thémistocle

---

(1) Chassan, *Traité des délits et contraventions de la parole, de l'écriture et de la presse*, t. I, n° 482 *bis*.

l'était bien des succès de Miltiade ; jalousie d'auteur, preuve d'émulation. » Et le tribunal, adoptant une manière de voir aussi résolument optimiste, débouta de son action Alexandre Duval.

Le procès qu'intentait en 1844 Jules Janin contre MM. Félix Pyat et Grandmesnil, rédacteur et gérant du journal *la Réforme*, ne devait pas se dénouer pour les prévenus avec autant de bonheur. Jules Janin qui était alors un des maîtres de la critique, tenait le feuilleton dramatique au *Journal des Débats*. Le 4 janvier 1844, Félix Pyat publia contre lui dans la Réforme un article d'une extrême violence qu'il fit imprimer ensuite sous forme de brochure. Il le désignait comme « le chef de ces enfants perdus de la pensée, de ces bras de la presse âpres aux gains, insatiables de lucre, qui s'escriment au jour le jour au profit de qui les paie, comme ces routiers mercenaires qui s'engageaient et se battaient au service de leur solde, n'avaient pour patrie que le salaire, pour honneur que la bourse, et pour drapeau que l'argent. » Et plus loin, il reprenait son accusation, lui reprochait « d'être vénal, de faire de la littérature métier et marchandise, d'être marchand de copie, écrivain public avec la honte de plus, de vendre une page pour, tant, une page contre, tant. » Jules Janin déposa aussitôt une plainte en diffamation contre Félix Pyat et le gérant du journal la Réforme ; en même temps, il réclamait l'insertion du jugement à intervenir dans dix journaux à son choix, et, pour tous dommages intérêts, la condamnation aux dépens. Il était assisté de M⁰ Chaix-d'Est-Ange ; ses adversaires avaient choisi comme avocats MM⁰ˢ Marie et Jules Favre.

L'affaire vint à l'audience du 7 février. Tout contribuait à lui donner un grand retentissement : la nouveauté du procès (on était en 1844), le nom des parties, le talent des avocats. Aussi, raconte complaisamment la Gazette des Tribunaux, « dès neuf heures du matin, une assistance considérable composée en grande partie de jeunes avocats en robe, se presse dans le couloir qui donne accès à la porte principale de la huitième Chambre. A l'autre extrémité du couloir, près de la porte de la Chambre du Conseil, stationne une foule également compacte formée de magistrats et d'un assez grand nombre de dames. A dix heures, cette porte est ouverte, et les curieux, malgré tous les efforts que font les huissiers pour les contenir, garnissent promptement l'enceinte de la salle d'audience en traversant la Chambre du Conseil. Aussi la salle est-elle déjà encombrée lorsque la porte principale est ouverte. Ceux qui se trouvent à cette porte depuis neuf heures, ne pouvant pénétrer, font entendre de vives protestations, et, pour mettre fin au tumulte, les gardes municipaux font évacuer le couloir. La foule, repoussée des abords de la huitième Chambre, reflue dans la salle des Pas-Perdus où l'on ne compte pas moins de deux cents jeunes stagiaires. M. Armand Bertin, rédacteur en chef des Débats, MM. de Sacy, Cuvillier-Fleury, Alloury, ses principaux collaborateurs, ne peuvent pénétrer, non plus que les amis de M. Félix Pyat. » On voit que, dès le premier jour, les procès de critique avaient attiré l'attention passionnée de la foule.

L'audience ne fut ouverte qu'à midi et demi. Chaix-d'Est-Ange seul plaida. Jules Favre, soutenant que les prévenus n'avaient attaqué Jules Janin que comme écrivain, et refusant de confondre la critique avec la diffamation, avait en effet demandé à faire usage, dans sa défense, de tous les écrits, sans exception, de Jules Janin. Le tribunal se basa sur l'article 20 de la loi de 1819 qui défendait la preuve des faits diffamatoires, et répondit que « toute articulation tendant à établir la vérité des faits imputés ne pouvait être admise, alors même que le plaignant y consentirait » : il rejeta les conclusions. Les avocats des prévenus renoncèrent à prendre la parole dans les limites qui leur étaient assignées, et, après une heure de délibération, le jugement fut rendu (1). Il était sévère : il condamnait Félix Pyat à six mois de prison et 1.000 francs d'amende ; Grandmesnil à un mois de prison et 3.000 francs d'amende ; tous les deux solidairement aux dépens. Le jugement devait être inséré dans quatre journaux. Du premier coup, la jurisprudence précisait le domaine de

(1) Trib. de la Seine, 7 février 1844 ; *Gaz. Trib.*, 8 février 1844.

la critique, en excluait les attaques personnelles qu'elle punissait comme diffamation ; et en cela, elle suivait le seul système juridique qui fût possible, à la fois conforme à la loi et modelé sur les nécessités de la pratique.

Pourtant, vers la même époque, un jugement du tribunal correctionnel de Beaune, décidait en sens contraire, et paraissait admettre l'entière liberté de la critique littéraire. *La Revue de la Côte d'Or* avait examiné dans deux articles les œuvres d'un écrivain, M. Xavier Forneret. Cela lui était permis. Mais elle ajouta que l'auteur semblait « privé de raison et échappé d'un hospice d'aliénés. » Il parut à M. Forneret que cette conclusion sortait des bornes d'une critique sérieuse, et il poursuivit en diffamation le gérant de la Revue, M. Blondeau de Jussieu. Le tribunal de Beaune donna tort au plaignant ; la critique de ses œuvres, déclarait-il dans le jugement, est permise aux rédacteurs de la Revue de la Côte d'Or, et le tribunal « n'a pas à s'expliquer sur la convenance des expressions » employées ; d'ailleurs elles n'atteignent nullement l'honneur ni la considération de Forneret, mais uniquement sa réputation comme écrivain. M. Forneret n'accepta pas plus le jugement qu'il n'avait accepté les articles ; il avait conscience de son bon droit : il fit appel. La Cour Royale de Dijon adopta les motifs des premiers juges. Alors il se pourvut en Cassation, et cette fois, il obtint

gain de cause : l'arrêt fut cassé, le 29 novembre 1845 (1).
La Cour reconnaissait dans les articles incriminés « des
atteintes graves contre la personne de Forneret » ; elle
déclarait que « l'imputation offensante » dont il se
plaignait, « aggravée encore par la grossièreté des
expressions, tendait non seulement à frapper le
plaignant de ridicule, mais encore portait atteinte à sa
considération, et qu'en refusant de reconnaître dans de
pareilles allégations l'un des caractères de diffamation
déterminés par l'article 13 de la loi du 17 mai 1819,
l'arrêt attaqué avait formellement violé cet article. » La
Cour de Cassation se rangeait ainsi à l'avis exprimé
l'année précédente par le tribunal correctionnel de la
Seine. Après cette passagère incertitude, la jurisprudence fut définitivement fixée : le droit de critique,
absolu sur l'œuvre de l'écrivain, s'arrête à sa personne.

Il faut noter encore deux procès qui, à de longs intervalles, permettent de suivre l'application de la théorie
inaugurée par le jugement de 1844. C'est d'abord la
plainte en diffamation déposée en 1874 par M. Renaud-
Desloges, publiciste, contre Edmond Tarbé, directeur-
gérant du *Gaulois*, et Emile Blavet, l'un des rédacteurs
au journal ; celui-ci avait apprécié en termes violents
un opuscule publié par M. Renaud-Desloges sur la fa-
mille impériale. Son article intitulé : à un vidangeur
littéraire, revenait avec insistance sur cette idée :

(2) Cass. 29 nov. 1845. D. 46. 1. 48.

M. Renaud-Desloges écrivait « chaussé de grandes bottes », et « s'adonnait avec amour à la vidange intellectuelle » ; les œuvres de cet « égoutier de la plume » n'étaient que des « déjections fétides et miasmatiques ». Le jugement qui cite ces quelques extraits pensa qu'on ne pouvait les qualifier de critique littéraire ; la vigueur du pamphlet de M. Renaud-Desloges, qui appelait les réponses les plus vives, ne justifiait pourtant pas des attaques « composées d'une suite de comparaisons aussi basses qu'outrageantes ». Edmond Tarbé et Emile Blavet, convaincus de diffamation, furent condamnés à 1.500 francs d'amende chacun, et à 3.000 francs de dommages-intérêts envers le plaignant (1).

Le second procès fut intenté en 1889 par Erckmann contre le *Figaro*. Un rédacteur du journal avait publié dans le numéro du 19 août un article où il accusait Erckmann d'avoir manqué à la fois de probité littéraire et de délicatesse dans le règlement d'intérêts pécuniaires avec son collaborateur ; et il ajoutait qu' « il avait précisément choisi pour tenter de le spolier le moment où Chatrian venait d'être frappé d'une congestion et où il était facile de surprendre la signature d'un homme affaibli par la maladie. » Il lui reprochait encore son attitude pendant la guerre, le qualifiait de « mauvais Français, mangeant en Allemagne l'argent que Chatrian lui avait gagné en France. » Ces impu-

(1) Trib. de la Seine, 5 août 1874. *Gaz. Trib.*, 6 août 1874.

tations, comme le fit remarquer le jugement, reposaient sur un fragment de lettre inexactement reproduit et détourné de son véritable sens ; l'intention de nuire était évidente ; et d'ailleurs, elles portaient la plus grave atteinte à l'honneur et à la considération du plaignant. Le signataire de l'article et le gérant du journal furent reconnus coupables des délits de diffamation et d'injure. En appel, le jugement fut confirmé sur le premier chef, infirmé sur le second. C'est qu'en effet, l'injure, d'après la définition de l'article 29, est « toute expression outrageante qui ne renferme l'imputation d'aucun fait. » Et une circulaire ministérielle du 4 novembre 1881 avait spécifié : l'invective qui se rattache à l'imputation d'un fait précis n'est que l'accessoire du délit de diffamation. C'était ici le cas : il n'y avait pas d'expression outrageante distincte des imputations de faits. L'arrêt déclara que le délit d'injure n'était pas caractérisé (1).

2° *Imputation de plagiat ; d'interpolation*

Est-elle une diffamation, ou rentre-elle au contraire dans les bornes d'une critique permise ? Le doute n'est guère possible. Plagier, c'est, pour un écrivain, présenter sous son nom une œuvre qui n'est pas la sienne, avec l'intention de s'approprier les bénéfices moraux et

(1) C. de Paris, 9 juillet 1890. D. 90. 2. 62.

matériels de sa supercherie ; c'est à la fois soustraire
à son profit le travail d'autrui, et tromper le public en
le lui offrant sous un faux nom. Le plagiat est le vol
littéraire. C'est résoudre la question : on ne peut, sans
diffamation, accuser un auteur d'un pareil acte d'improbité. Suivant M. Grellet-Dumazeau (1), il faut mettre
à part le cas où, « par plagiat, l'on n'entend que des
emprunts dissimulés de sujets ou de plans, d'idées ou
de textes partiels. » La distinction ne semble pas parfaitement claire. Pourtant, il est bien évident qu'il ne
peut y avoir diffamation là où il n'y a pas atteinte
portée à l'honneur de l'écrivain. « Tout est dit, et l'on
vient trop tard depuis plus de 7000 ans qu'il y a des
hommes, et qui pensent. » La remarque de La Bruyère
est faite tous les jours par la critique : rapprocher deux
ouvrages, noter que l'un procède de l'autre, remarquer
que deux comédies ont traité le même sujet et que,
même, elles l'ont pris à une troisième, ce sont là critiques courantes dont les auteurs ne s'émeuvent pas ;
leur considération professionnelle n'en est pas dimi-
nuée. Les idées appartiennent à tout le monde ; on a
même dit que le nombre des « situations » dramatiques
était limité et fort restreint. Mais, à côté de l'élément
matériel qui est, pour un écrivain, le fait de s'attribuer
la paternité de l'œuvre d'autrui, le plagiat comprend un
élément moral dont il semble bien qu'il faille surtout

(1) Grellet-Dumazeau, *op. cit.*, t. I, § 113.

tenir compte pour le qualifier : c'est l'intention de tromper le public sur l'œuvre présentée. Il faut porter contre un auteur l'accusation de mauvaise foi pour qu'il soit en droit de se plaindre et d'agir en diffamation.

Le doute n'était pas permis dans le procès qui fut soumis en 1830 à la Cour Royale de Paris. M. Pellet, bâtonnier de l'ordre des avocats d'Epinal, avait composé au commencement de 1826, un ouvrage intitulé *les Classiques et les Romantiques*. Le manuscrit tomba aux mains de M. Massey de Tyronne qu'on avait connu tour à tour étudiant, officier de hussards, procureur du Roi en province et avocat à Paris ; il le publia sous le titre des *Deux Ecoles*, et, le jour où M. Pellet fit lui-même imprimer son œuvre avec son titre et sous son nom, M. Massey de Tyronne le signala, dans *l'Album des Salons* du 9 décembre 1829, comme l'auteur du plagiat dont lui-même s'était rendu coupable. M. Pellet répondit par une plainte en diffamation ; mais il mourut pendant le cours du procès. Son adversaire, condamné une première fois à 200 francs d'amende et 300 francs de dommages-intérêts, vit le jugement confirmé par la Cour Royale de Paris (1).

Ce n'est plus de plagiat, mais d'interpolation dans un manuscrit présenté comme authentique qu'en 1883, M. Monval, directeur du journal *le Moliériste*, accusait M. Louis Ménard, qui l'assigna aussitôt en diffamation.

(1) C. de Paris, 1er avril 1830 ; *Gaz. Trib.*, 2 avril 1830.

L'origine du procès se trouve dans ces quelques vers
dits par Alceste dans le Misanthrope :

> Il court parmi le monde un livre abominable
> Et de qui la lecture est même condamnable,
> Un livre à mériter la dernière rigueur
> Dont le fourbe a le front de me faire l'auteur.

On croit que les paroles d'Alceste se rapportaient à
un fait réel : le « livre abominable » existait ; c'était un
pamphlet politique publié par Molière lui-même contre
les ennemis de Fouquet et qu'il aurait toujours pris soin
de renier. En tous cas, en 1883, M. Louis Ménard
découvrit un manuscrit d'auteur inconnu et il crut y
reconnaître le « livre abominable » d'Alceste ; il le
publia aussitôt en l'attribuant à Molière. De toutes
parts, les protestations s'élevèrent. M. Monval, qui
signa sous le pseudonyme de Monceau un article critique dans le numéro de décembre 83 du Moliériste, fut
particulièrement acerbe. Il discutait l'intérêt historique
de la découverte de M. Ménard et la valeur de son
opinion sur l'auteur inconnu de l'écrit ; il rappelait que
M. Ménard avait déjà attribué à Bossuet et à La Fontaine des manuscrits découverts les années précédentes
dans des bibliothèques publiques, et qu'un grand
nombre d'érudits s'étaient à ce moment élevés contre sa
prétention. Il semble, ajoutait M. Monval, que cet
« honnête mystificateur » cède ainsi « à une disposition
particulière de son esprit qui l'entraîne, chaque fois

qu'il découvre un manuscrit, à vouloir systématiquement et contre toute vraisemblance, restituer cet écrit
à l'un des grands écrivains du dix-septième siècle. »
Jusqu'ici, l'article ne dépassait pas les bornes d'une critique sérieuse : il discutait une opinion littéraire contestable ; M. Monval restait dans les limites de son
droit, comme le reconnaît le jugement du Tribunal de
la Seine. Mais il allait plus loin ; il insinuait que le texte
avait dû subir « plus d'une interpolation au profit de la
thèse soutenue par le copiste », et que cette supercherie
était un « délit littéraire qui devrait faire mettre son
auteur à l'index de toutes les bibliothèques et archives
publiques. » Le tribunal considéra avec raison que l'allégation d'un tel acte d'improbité professionnelle portait
atteinte à la considération de M. Ménard, et il condamna pour diffamation l'auteur de l'article (1).

De ces deux procès, il faut retenir ceci : que la jurisprudence ne sépare pas l'une de l'autre la probité de
l'homme privé et la probité professionnelle de l'écrivain. Elles sont solidaires, et l'on ne peut, sans attaquer
sa considération morale, mettre en doute l'honnêteté
ni la bonne foi de l'artiste. C'est la solution que nous
avions donnée en exposant, au début du chapitre, les
principes de la question.

(1) Trib. de la Seine, 26 mars 84. Loi, 27 mars 84.

3° *Attribution d'un écrit ridicule*

Il y a eu, de tout temps, des suppositions d'auteurs. Une foule d'ouvrages nous est parvenue sous des noms que, plus tard, on a reconnus fictifs : noms obscurs cachant l'œuvre d'un écrivain célèbre, ou, plus souvent, noms illustres couvrant l'œuvre d'un inconnu. Voltaire aimait à dissimuler sa personnalité sous des noms d'emprunt. Ce ne sont là, comme le dit Fabreguettes, que de très innocentes mystifications. Mais que faut-il dire de l'écrit attribué méchamment à un auteur dans le but de le couvrir de ridicule ou de porter atteinte d'une manière quelconque, à sa réputation ? Peut-il y avoir diffamation dans le fait de publier sous le nom d'un poète des vers burlesques ?

Dans la doctrine, les solutions sont contradictoires. Chassan est d'avis qu'il n'y a point là diffamation proprement dite, puisque l'imputation d'un fait qui est de nature à couvrir un homme de ridicule ne peut constituer une diffamation ; mais il admet qu'une action civile puisse être intentée en vertu de l'article 1382 du Code Civil (1). On combat en général cette thèse comme trop absolue. « Il nous semble, répond Barbier (2), que

---

(1) Chassan, *op. cit.*, t. I, § 487 ; dans le même sens Fabreguettes, *op. cit.*, t. II, § 213, en note.

(2) Barbier, *Code expliqué de la presse*, t. I, § 414.

M. Chassan a tort de poser en principe qu'on ne puisse diffamer une personne en lui imputant des faits de nature à la ridiculiser, cela revenant à produire cette affirmation très contestable que le ridicule ne peut jamais porter atteinte à la considération ; et spécialement, n'est-ce pas attaquer un auteur dans sa considération professionnelle que de lui imputer un ouvrage de nature à le couvrir de ridicule ? » Grellet-Dumazeau (1) pense qu'on ne peut refuser la protection de la loi à la personne ainsi attaquée, si elle « n'a pas recherché la dangereuse épreuve de la publicité » ; mais les juges apprécieront « l'intention de l'inculpé et les circonstances de la cause. »

La discussion est assez confuse. Pourtant, la remarque de M. Grellet-Dumazeau nous paraît essentielle à noter : elle constitue la seule base juridique d'un raisonnement. Qu'est-ce en effet que l'attribution à un auteur d'un écrit ridicule sinon la critique de son talent, sous une forme plus piquante qu'un banal examen de ses œuvres ? Une pensée de lucre n'a pas guidé l'auteur inconnu du pastiche. Son but a été d'attirer l'attention sur les défauts de l'écrivain qu'il imite, et, en les exagérant, de les mettre en valeur. Personne ne s'y trompe. La caricature est la meilleure des critiques, et la plus frappante. S'il en est ainsi, sur qui cette critique littéraire va-t-elle pouvoir s'exercer ? Sur ceux-là seulement

(1) Grellet-Dumazeau, *Traité de la diffamation*, t. I, § 414.

qui, par la publication de leur œuvre, se sont offerts à son jugement. Ils ont sollicité l'attention du public, et son appréciation ; ils n'ont pas à se plaindre qu'il la leur fasse connaître sous la forme humoristique du pastiche, s'ils l'acceptent sous la forme traditionnelle. Dans les deux cas, c'est une critique permise parce qu'elle a été provoquée par ceux-là même qui la subissent. Mais on ne saurait l'admettre dès l'instant où elle attaquerait un homme qui n'a livré à la publicité aucune partie de sa vie. De ce fait, le droit d'attribuer à autrui un écrit ridicule subit une première restriction.

Il y en a une seconde qui n'est, comme l'autre, qu'une application des principes généraux. On se demande si cette critique particulière qu'est une malicieuse supposition d'auteur va constituer un fait diffamatoire. Mais la question n'est-elle pas déjà résolue ? Le public a le droit absolu de prendre à partie le talent de l'écrivain ou les opinions qu'il émet ; on le charge d'édifier les réputations littéraires et de les attaquer ; on ne le poursuit pas en justice quand il s'acquitte de sa mission. Faut-il donner une autre solution parce qu'il a exprimé son avis dans un pastiche plutôt que dans le feuilleton d'un journal ? Cela est logiquement impossible. Et qu'on n'aille pas dire qu'une confusion peut s'établir dans l'esprit des lecteurs entre les œuvres de l'auteur critiqué et celle qu'on lui attribue ; cette dernière est une spirituelle caricature ; qui donc serait assez crédule pour la croire signée de celui qu'elle raille ? Seul, le mode d'exercice du droit de critique est ici modifié. Son étendue reste la même et son domaine ne va pas au-delà des limites qui, déjà, lui ont été fixées : si l'écrit doit porter atteinte à l'honneur ou à la considération de celui dont on a emprunté le nom, il y a diffamation ; tant que la discussion demeure littéraire, le droit est entier. Distinction déjà exposée, et suffisant à solutionner une difficulté qui est toujours, en somme, la question des limites du droit de critique, présentée en termes différents.

La jurisprudence n'a pas eu souvent l'occasion d'intervenir dans le débat. Deux procès seulement paraissent lui avoir été soumis, à de très longs intervalles. Le plus ancien remonte à 1812. M. Cubières-Palmezeaux avait fait imprimer sous le nom du célèbre critique Geoffroy une prétendue tragédie remplie de vers burlesques : *la Mort de Caton.* Geoffroy se plaignit devant le juge de paix du onzième arrondissement et obtint à titre de réparation l'affiche du jugement à un nombre considérable d'exemplaires. La Gazette des Tribunaux du 19 décembre 1835 ne donne pas d'autres détails ; elle ne cite la solution française de 1812 que pour la rapprocher de l'arrêt qui venait d'être rendu, sur la même question, par le jury anglais à la Cour du Banc du Roi. Les éditeurs d'une brochure hebdomadaire, le *Fraser's magazine,* avaient inséré dans leur

Revue une pièce de vers ridicule : *la Taupe*, sous le nom d'un écrivain, M. Watts, qui leur intenta un procès. Sir Frederic Pallock, attorney général, pensa « qu'il n'y avait pas diffamation dans l'acte, fort répréhensible d'ailleurs, d'attribuer à un écrivain des vers tellement ridicules qu'il était impossible au public de s'y méprendre. » Et le jury renvoya les défendeurs absous sur ce grief.

En 1868, la question se posa à nouveau, cette fois en des termes qui ne pouvaient guère laisser de doute. Un journal venait d'annoncer qu'Hortense Schneider, l'actrice des Variétés, allait publier ses mémoires ; elle répondit aussitôt dans *le Figaro* : « Je ne me trouve pas assez d'esprit pour écrire mes mémoires, mais je m'en trouve trop pour les laisser écrire par d'autres. » Quelques jours après, le journal *la Veilleuse* publiait un article intitulé : *Mémoires de Mademoiselle Schneider*. Il reproduisait d'abord la lettre adressée au Figaro, et ajoutait « Cette lettre donne une piquante actualité à la préface qu'on va lire ». Elle était signée des initiales H S, et, suivant les termes du jugement, « formulait un certain code que, par euphémisme, on appellera ici code de la galanterie, mais auquel on pourrait à bon droit, appliquer une dénomination plus caractéristique. » J'écris mes mémoires, disait-elle, « par pure confraternité féminine, pour vous armer en guerre dans les luttes que vous allez entreprendre contre les hommes. Diviser pour régner, là seulement est le vrai. Divisons, et divisons sagement, nos faveurs, nos baisers et nos sourires. Point de prodigalités inutiles. A Paris, la femme, j'entends la femme telle que nous, doit être universelle, tour à tour Anglaise ou Russe, Autrichienne ou Polonaise. Ce qui a fait ma puissance, mes enfants, c'est cette universalité dont je vous parle. J'ai appris la musique avec A., la diplomatie avec B., la finance avec C., la littérature avec D., l'équitation avec E., le café Anglais avec F., les millions avec tout l'alphabet. » La diffamation n'était pas douteuse. Le talent artistique de Mademoiselle Schneider appartenait seul à la publicité ; le jugement reconnut à bon droit le caractère de faits diffamatoires à l'exposition d'une semblable théorie et au « récit de prétendus faits de sa vie privée ». Si les artistes dramatiques, déclara-t-il, « quant aux faits qui tiennent directement et immédiatement aux choses du théâtre, appartiennent à la publicité, ils ont, comme tout citoyen, le droit de préserver leur vie privée contre les attaques diffamatoires de la presse (1) ». Le gérant et l'imprimeur de la Veilleuse furent condamnés chacun à une amende.

(1) Trib. de la Seine, 2 janvier 1869, *Gaz. Trib.*, 3 janv. 69.

§ 2. — CRITIQUE DRAMATIQUE

Elle comprend à la fois la critique des œuvres théâtrales et la critique du jeu des comédiens. L'une et l'autre sont admises, et les feuilletons dramatiques jugent avec une égale liberté l'auteur et ses interprètes. Pourtant, le droit de critique s'exerce-t-il dans les deux cas de la même manière ? La jurisprudence s'accorde avec la doctrine pour admettre que la personne doit être mise à l'abri de toutes les attaques : or, si l'examen d'une pièce peut bien laisser à l'écart la personne de l'auteur, c'est, quand il s'agit d'un acteur, sa personne même qui fait l'objet de l'appréciation. Faudra-t-il donc étendre encore les prérogatives de la critique et accepter pour les comédiens ce qu'on défendait pour les auteurs ? Et les limites du droit seront-elles différentes suivant qu'il s'exerce sur les uns ou sur les autres ?

1° *Critique des œuvres dramatiques*

Elle n'est en somme qu'une branche de la critique littéraire, mais une branche aujourd'hui bien distincte, avec ses écrivains spéciaux : et la seule cause en est à l'abondance de la production dramatique qui lui a permis de se développer et de se constituer en un do-

maine séparé. La critique a subi elle aussi la loi de la
division du travail : feuilleton littéraire, feuilleton dramatique, et même feuilleton du drame musical, chacun
a son titulaire. En tous cas, ce n'est qu'une division de
fait ; juridiquement, il n'y a qu'une critique, celle qui
s'exerce sur toute œuvre publiée. Seul, le mode de
publicité diffère ; c'était tout à l'heure par la voie du
livre que l'auteur présentait son œuvre, c'est maintenant sur une scène de théâtre, par la bouche de ses
interprètes. Rien, de ce fait, n'est modifié dans les
rapports qui vont naître entre la critique et lui ; les
mêmes questions vont se soulever, qu'on pourra
trancher avec les mêmes principes.

C'est d'abord l'éternelle querelle entre auteurs et critiques qui ne s'entendent pas sur les limites du droit.
Tout récemment, Madame Régine Martial intentait un
procès au journal, *le Matin*, et à son critique dramatique, M. Guy Launay, pour avoir apprécié de manière
défavorable la pièce qu'elle fit jouer le 5 mars 1906, au
théâtre du Gymnase, sous le titre de *Sacha*. M. Guy
Launay lui consacrait dix-sept lignes, et qui n'étaient
pas des éloges : « Le Gymnase, écrivait-il, a représenté
un étrange mélodrame : Sacha ou le Crime de la belle-
mère illégitime... ; violent et artificiel, il ne pouvait être
bien joué. » Madame Régine Martial soutenait qu'il y
avait là dénigrement systématique ; et elle le prouvait :
M. Guy Launay, disait-elle, en même temps que son

article du *Matin*, en signait un autre au *Gil Blas*, sous le nom de Nozière, et y émettait, sur la même pièce, un avis différent et plutôt élogieux ; comment douter après cela de sa mauvaise foi ? Mais le ministère public conclut au rejet de la demande ; et le tribunal donna tort à Madame Régine Martial. Il ne lui sembla pas que l'article du Gil Blas contredît celui du Matin ; et, quant aux appréciations incriminées, « on ne voit pas, ajoute-t-il, qu'en les publiant Guy Launay ait dépassé le droit qu'ont eu de tout temps les critiques, même à une époque où la liberté de la presse n'existait pas comme de nos jours, d'exprimer leurs sentiments sur une pièce donnée au théâtre. » (1) Le principe n'a donc pas varié : le droit de critique, qui s'arrête à la personne, reste absolu sur l'œuvre, qu'il s'agisse d'un livre ou d'une pièce de théâtre.

On en fit une application nouvelle lors du procès qu'intentait en 1905 M. Bernstein à M. Urbain Gohier. Le 18 décembre 1904, dans le journal *le Cri de Paris* dont il était gérant et rédacteur, M. Urbain Gohier faisait paraître un article sous la rubrique : *Les Théâtres-Le Bercail.* Il y accusait M. Bernstein d'avoir, de concert avec M. Franck et Madame Le Bargy, recopié l'ouvrage du prince russe Soumbatow, *les Chaînes*, et de l'avoir signé en lui donnant pour titre

______

(1) *La Presse Française périodique*, février-mars 1908.

le Bercail. C'était, posée à propos d'une œuvre théâtrale, la question déjà résolue en matière de critique littéraire : est-ce diffamer un auteur que de l'accuser de plagiat ? La réponse ne pouvait faire de doute : le 3 mai 1905, le tribunal correctionnel de la·Seine condamna M. Urbain Gohier, pour diffamation, à 100 francs d'amende et 100 francs de dommages-intérêts envers M. Bernstein. « M. Urbain Gohier, disait le jugement, invoque vainement les droits de la critique : un journaliste peut assurément faire ressortir les analogies existant entre une œuvre théâtrale et une autre œuvre antérieurement produite ; mais il excède les limites de son droit en formulant son appréciation dans des termes qui entachent l'honneur et la considération de l'auteur. » (1)

La critique dramatique a pourtant soulevé il y a une vingtaine d'années, une question qui lui est spéciale et qui, tout récemment encore, est revenue à l'ordre du jour, a suscité plusieurs procès et donné lieu à maintes polémiques : c'est la question de la légitimité d'un compte rendu théâtral après la répétition générale. L'usage courant est de ne le donner qu'au lendemain de la première représentation ; avant ce moment, la pièce n'a pas encore été présentée au public, elle est demeurée pendant les répétitions la propriété absolue de

____

(1) Trib. de la Seine, 3 mai 1905 ; D. jur. gén. 1905.5.30.

l'auteur. Il semble même que la question ne pouvait se poser si l'on remarque qu'une répétition est un simple exercice préparatoire et qu'elle se passe à huis-clos ; aucune indiscrétion n'est alors à craindre. Et, de fait, il en fut longtemps ainsi. Mais les journaux étaient là, soucieux d'informations rapides. On considéra bientôt qu'il n'était plus conforme aux habitudes modernes de donner à 7 heures du matin la critique d'une pièce dont la représentation venait de se terminer 6 heures avant. On songea à renseigner les lecteurs sur l'événement avant même qu'il n'ait eu lieu ; et, comme, heureusement, il était de ceux qu'on peut prévoir, l'idée fut aussitôt réalisée : avant que la pièce ait été soumise au public, le public, par la plume autorisée d'un critique, l'avait analysée, discutée et jugée. On ne pouvait faire mieux ; c'était l'idéal de l'information rapide. Les lecteurs, toujours curieux des choses du théâtre, parurent approuver l'innovation ; mais les auteurs s'en plaignirent, et la justice leur donna raison. Le procès qu'en 1882, intentait à ce propos Victorien Sardou, paraît être le premier sur la question. On allait représenter *Fédora* au Vaudeville. Jusqu'alors, les répétitions générales avaient eu lieu à peu près à huis-clos. Pour la première fois, Sardou, qui n'avait pu placer tous ses invités à la première, et aussi pour faciliter le travail de la critique, y admit quelques privilégiés. La salle fut pleine. Le lendemain, un journal publiait le compte rendu circonstancié de la pièce ; il fut poursuivi et condamné. Il faut ajouter que l'œuvre de Sardou ne souffrit pas de cette indiscrétion : la salle du Vaudeville fut aussitôt louée à l'avance pour une trentaine de soirées. Le fait se reproduisit en 1887 quand parut *la Tosca* sur la scène de la Porte-St-Martin. Au matin même du jour où on allait représenter la pièce, le *Gil Blas* en publia un compte rendu. Sardou assigna le directeur du journal qui fut condamné aux dépens, aux insertions et au franc de dommages-intérêts réclamé pour le principe.

Vingt ans se passèrent sans que la question reparût ; elle semblait tranchée. Mais en 1907, le journal *le Matin* reprit l'idée du Gil Blas et annonça dans le numéro du 25 novembre son intention de rendre compte désormais des pièces de théâtre, non plus après la première représentation, mais dès après la répétition générale. Et ce fut encore sur une pièce de Sardou que l'expérience se fit. Le 7 décembre, *le Matin* publiait sous la signature de Guy Launay un compte rendu de *l'Affaire des Poisons*, dont la première représentation n'avait pas encore été donnée au public. Les termes de l'assignation de Sardou sont intéressants à noter ; ils expriment de façon fort nette le point de vue des auteurs : « C'est un principe incontesté, dit-il, et toujours sanctionné par la jurisprudence qu'une pièce de théâtre appartient à l'auteur seul et reste sa propriété intangible jusqu'au

moment où il la livre au public par la voie de la première représentation ; jusqu'alors, il se réserve, entre
autres, la faculté d'y apporter tels changements, suppressions ou additions qu'il jugera utiles, comme celle
de ne la point donner. La répétition dite *générale* offerte
exclusivement à des invités, est destinée surtout à permettre d'étudier sur eux l'impression que la pièce
pourra produire ensuite sur le public ; le nombre plus
ou moins grand de ces invités, suivant les époques, les
auteurs et les théâtres, ne saurait rien changer au caractère intrinsèque de cette répétition. Elle ne peut en
aucun cas ni à aucun point de vue être confondue avec
la première représentation et en avoir les effets : à la
suite de la répétition dite *générale*, des transformations
nombreuses et de toute nature sont le plus souvent et
en fait apportées à l'ouvrage par l'auteur et la direction. » La Société des auteurs et compositeurs dramatiques manifesta l'intérêt qu'elle prenait à la question
en décidant de faire les frais de ce premier procès, puis,
quelques jours plus tard, d'un procès similaire intenté
au *Matin* par M. André Picard pour le compte rendu
anticipé de sa pièce : *le Faux Pas*. Enfin, en janvier
1908, M. Paul Gavault assignait *le Matin* en dommages-
intérêts pour avoir, malgré la défense qu'il lui en avait
faite, porté une appréciation sur *le Bonheur de Jacqueline* avant la première représentation.

Il faut avouer, comme le remarquait à ce moment

M. Emile Faguet, que tous les torts n'étaient pas du côté des journalistes. De plus en plus, les répétitions générales avaient pris le caractère de représentations publiques, et les directeurs eux-mêmes aidaient à la confusion en y donnant le nom de l'auteur au baisser du rideau. C'était presque autoriser le critique à juger aussitôt la pièce. En tous cas, on pouvait s'y tromper. Et comment un journal, admis dans de telles conditions à un spectacle pourtant privé, encouragé tacitement par l'auteur et sollicité par un public impatient, aurait-il pu résister à l'impérieuse tentation de donner le coup de grâce à un principe déjà très entamé et de renseigner ses lecteurs après la répétition générale ?

D'autre part, *le Matin* faisait observer très judicieusement, à propos des procès qu'on lui intentait, « qu'en fait les critiques ne se rendent jamais aux premières, qu'ils font toujours leurs compte rendus sur la générale, et que, par suite, selon l'opinion émise par l'une des assignations, aucune critique n'est jamais complète, loyale et définitive. » Et cela, de l'aveu même et avec le consentement des directeurs et des auteurs qui acceptent les critiques aux répétitions générales et n'ignorent pas qu'ils écriront leur compte rendu d'après cette représentation privée. Tout se réduit alors à repousser d'un jour la publication de l'article. Si toutes ces raisons ne légitiment pas le procédé des journaux, elles en constituent au moins une justification de fait très suffisante : ceux qui leur reprochent de s'être engagés dans une voie interdite sont ceux mêmes qui la leur ont ouverte.

Cependant, la jurisprudence déjà consultée en 1882 et 1887 a donné raison aux auteurs, et la solution qu'on attend d'elle aujourd'hui encore, ne sera pas différente ; du moins il est permis de le supposer. Juridiquement, elle s'impose. Tant qu'une œuvre n'est pas livrée au public, elle demeure la propriété absolue de l'auteur ; le fait de la publication, seul, la soumet au jugement de la critique : c'est, pour un livre, la mise en vente, pour une œuvre théâtrale, la première représentation. Jusqu'à ce moment, la pièce est dans la situation du livre qui n'existe qu'en épreuves ; sa version n'est pas définitive, l'auteur y apportera sans doute encore des corrections ; en tous cas, il ne la juge pas assez parfaite pour la soumettre à l'appréciation du public qui n'a, sur elle, aucun droit. On a souvent répondu que c'était là un argument théorique, et qu'en fait jamais un auteur ne modifiait sa pièce pendant les vingt-quatre heures qui séparaient la répétition générale de la première représentation. Les faits eux-mêmes se sont chargés tout récemment de démentir cette affirmation : pendant ce court intervalle, M. Brieux changeait le dénouement de sa pièce, *Simone*, et M. Maurice Donnay supprimait un acte entier de la *Patronne*.

Les auteurs prétendent d'ailleurs que, s'ils convient

un critique à venir entendre leur œuvre à la répétition
générale, c'est uniquement pour lui faciliter sa tâche de
critique et ne pas le forcer à rédiger son article au
sortir d'une première qui finit généralement très tard.
Ce n'est qu'une mesure de courtoisie qui laisse à la répétition son caractère de représentation privée. On a
étendu le nombre des invitations : la salle où autrefois
les intéressés étaient seuls admis, est aujourd'hui
remplie ; mais la qualité de l'auditoire n'a pas été modifiée : il n'est pas *le public*.

Et enfin, et surtout, il faut bien qu'en fait, il y ait une
dernière répétition qui soit privée, et une première représentation qui soit publique ; et c'est l'auteur et le
directeur qui, seuls, peuvent en décider. La portée du
débat, aussitôt, diminue ; il n'est plus qu'une question
de mots. Un journal réclame le droit de critiquer une
pièce dès que le rideau est tombé sur la répétition générale ; le lui accorder, c'est admettre que cette répétition
est publique, ou, en d'autres termes, qu'elle est la première représentation. Alors, qu'y aura-t-il de changé ?
A quel résultat pratique aboutira une telle décision ?
On s'avisera que la vraie répétition générale, privée,
se trouve être désormais l'avant-dernière ; c'est à celle-
là qu'on finira par convier les critiques pour ne pas les
obliger à rédiger leur article au sortir de la répétition
publique. Et la question se posera à nouveau, dans les
mêmes termes, quelques années plus tard. Dans cette

rétrogradation successive, il faudra bien s'arrêter un jour, à moins d'admettre qu'une pièce est livrée à la publicité dès la première répétition. L'auteur et le directeur sont tout désignés pour fixer la limite ; c'est à eux qu'il appartient de soumettre la pièce au public le jour où ils jugeront qu'elle peut subir l'épreuve. La prétention qu'ont les journalistes d'intervenir dans cette décision est injustifiable en fait comme en droit.

2° *Critique du jeu des acteurs*

On paraît la supporter plus impatiemment que la critique des œuvres littéraires ou dramatiques. C'est qu'elle s'attaque à la personne même, atteint les amours-propres d'un coup plus direct, et peut-être aussi entraîne de plus graves conséquences. Mettre en doute le talent d'un artiste, c'est témoigner que sa faveur diminue auprès de ceux qui l'applaudissaient, ou bien, s'il débute, qu'il n'a pas d'avenir à espérer dans la carrière théâtrale : et c'est lui nuire auprès du directeur qui l'a engagé, de l'auteur qui l'a choisi comme interprète. Il est vrai qu'un critique n'est pas tout le public : on a vu des acteurs mal accueillis par la presse connaître des revanches éclatantes ; toujours est-il qu'il en fait bien partie et que, même, il a sur lui une action puissante. S'il ne décide pas en dernier ressort du succès ou de l'échec, tout au moins il contribue pour

une très large part au jugement final. On a souvent nié
cette influence ; on a prétendu qu'en tous cas, elle
n'était guère sensible et qu'on l'exagérait. Pourtant elle
est plus réelle qu'on ne le veut croire, à la condition
qu'on tienne compte, sur un point donné, non pas d'une
opinion isolée, mais de l'opinion générale des critiques.
C'est alors, en raccourci et à peu de chose près, l'avis
même du public tel qu'il sera donné au cours des représentations de chaque soir ; on y trouve déjà tous les sentiments qui se feront jour dans les auditoires successifs,
et l'impression qui s'en dégage est celle qui, plus tard,
mesurera la valeur de la pièce ou de l'acteur. Encore
une fois, il est possible que les deux avis ne coïncident
pas ; seulement il faut ajouter que c'est l'exception.
Dans la majorité des cas, le jugement du public est
l'épreuve agrandie, et très fidèle, du jugement de la
critique.

En tous cas, et quelle que soit l'influence qu'on lui
reconnaisse, il faut bien qu'ici, la critique s'exerce sur
la personne de l'acteur puisque la seule œuvre à juger
est l'interprétation donnée au rôle, la qualité de la voix,
ou même seulement l'harmonie des gestes et la grâce
des attitudes, toutes choses qui ne sont pas distinctes de
la personne et qui constituent le talent d'un comédien,
d'un chanteur ou d'une danseuse. Et cela est tout à fait
légitime parce que l'acteur, en se consacrant au théâtre,
s'est offert lui-même aux appréciations les plus diverses,

comme l'auteur avait livré sa pièce au public en la
mettant à la scène. L'œuvre présentée est bien ici encore
le résultat d'un travail, mais qui, cette fois, ne se manifeste pas indépendamment de l'artiste ; c'est une qualité
de sa personne qu'il soumet au jugement du public. Il
semble alors que la critique l'atteigne plus directement
qu'elle n'atteignait l'auteur. La différence, pourtant,
n'est qu'apparente. En réalité, juger une pièce ou un
roman, c'est encore décider ce que vaut le talent scénique ou littéraire de leur auteur ; quelle que soit
l'œuvre, elle n'est pas distincte de celui qui la crée : à
travers elle, c'est lui qui est visé, écrivain, artiste ou
acteur. Pourquoi faudrait-il alors modifier pour ce
dernier les limites du droit de critique ? Le principe
général va suffire. La liberté de la critique est entière
sur ce qui est livré à la publicité : c'est ici le talent du
comédien ; mais sa vie privée, sa considération morale
et professionnelle doivent être préservés de toute
attaque.

C'est de cette idée que s'inspirait le 22 novembre 1850
le tribunal correctionnel de la Seine en rendant un jugement de condamnation contre MM. Fiorentino et
Constant Laurent, l'un collaborateur, l'autre gérant du
journal *le Corsaire*. Sous le titre de *Causeries*, M. Fiorentino avait signé le 3 novembre un article sur Mademoiselle Delphine Marquet, artiste des Variétés. Il lui
reprochait d'entretenir « des relations coupables avec

un individu qu'on désignait sous le nom du pro-
fesseur » ; et il la qualifiait d'asperge, de perche et d'é-
chalas. Mademoiselle Marquet attaqua le journal en
justice, et le tribunal, après avoir constaté qu' « évi-
demment, l'article n'avait pas été inspiré par un esprit
de critique impartiale, mais dicté par un sentiment de
malveillance », condamna les deux prévenus à 100 francs
d'amende pour diffamation et injure (1).

L'issue du procès intenté en 1863 par Mademoiselle
Pauline de Melin à *l'Opinion Nationale* pouvait être plus
douteuse. Sarcey, qui signait le feuilleton dramatique
du journal, y exprimait en octobre 62 l'avis que Mademoiselle de Melin, dans le rôle d'Audromaque à l'O-
déon, n'avait pas même le talent d'une écolière de troisième ordre. Et il ne faisait ainsi qu'user de son droit
strict. Malheureusement, Mademoiselle de Melin n'avait
encore jamais joué Audromaque à l'Odéon ; sous son
nom, Sarcey avait condamné une autre actrice qui rem-
plissait le rôle. Il allégua sa bonne foi, et le tribunal
rejeta ce premier grief. Mais Mademoiselle de Melin
en alléguait un autre : « M. Sarcey proclame, écrivait-
elle au gérant de l'Opinion Nationale, que j'ai menacé
de l'huissier un de ses confrères qui m'avait critiquée ;
cette assertion n'est pas juste. M. Sarcey avait sous les
yeux le passage imprimé dans lequel je reconnais que

____

(1) Trib. de la Seine, 22 novembre 1850 ; *Droit*, 23 novembre 1850.

ce confrère, M. de B., a parfaitement le droit de me critiquer ainsi qu'il lui plaît. L'énonciation fausse de M. Sarcey a pour but de me ridiculiser en inventant que moi, artiste, je me révolte contre les appréciations de la critique ; le public aurait le droit de me supposer une suffisance de mauvais goût, et les critiques de dire : laissons de côté cette comédienne prétentieuse qui s'irrite des piqûres de la plume. » Dans un autre article, Sarcey attaquait à nouveau Mademoiselle de Melin, affirmait qu'elle avait eu des procès avec son directeur, que ses procédés avec les représentants de la presse étaient inqualifiables, et qu'elle faisait beaucoup parler d'elle, « moyens bons, ajoutait-il, pour attirer l'attention du public ». Le tribunal jugea à bon droit que ces allégations dépassaient les limites d'une critique même sévère et constituaient des attaques au caractère de la personne. Il condamna Sarcey et le gérant du journal à une amende et à 1.000 francs de dommages-intérêts envers Mademoiselle de Melin (1).

Tout récemment enfin, M. Alvarez, ténor de l'Opéra, assignait le journal *Comœdia* en 100.000 francs de dommages-intérêts. Il se plaignait d'une série d'articles qu'il estimait constituer contre lui une campagne d'hostilité systématique, et fixait à cette somme le montant du préjudice que leur publication lui avait fait subir. Il

(1) Trib. de la Seine, 26 février 1863, D. 63.3 68.

se fondait en particulier sur un article paru dans le numéro du 10 octobre 1907 et qui l'attaquait dans les termes suivants : « On m'affirme que la prochaine direction s'est assuré le concours de M. Alvarez à des conditions exorbitantes ; ce serait une faute et une maladresse. Je refuse d'y croire ; si l'engagement est signé, le public se chargera, j'espère, de le faire résilier. Au besoin, je l'y aiderai, par haine du faux art. » Le Tribunal Civil de la Seine devant qui l'affaire fût portée, retint le fait, tout en consacrant les droits de la critique : « Si, dit-il dans son jugement, il importe de maintenir hors d'atteinte les droits de la critique, et si, d'autre part, les artistes, en se consacrant au théâtre, doivent faire abandon de toute susceptibilité et se résigner à être l'objet des appréciations les plus diverses, fussent-elles des plus acerbes, fussent-elles même injustes, cette critique ne saurait toutefois s'exercer sans contrôle et sans limites, et dépasser le but qu'elle poursuit. » Et il considérait avec raison que le fait d'exciter la nouvelle direction d'un théâtre à ne pas signer, ou à résilier, s'il était déjà contracté, l'engagement d'un artiste, avec la promesse d'un appui personnel, excédait ces limites. Il reconnaissait d'autre part que les divers articles désobligeants pour le demandeur, autres que celui du 10 octobre, joints au fait d'avoir désigné M. Alvarez dans les programmes de l'Opéra, sous son nom patronymique : Albert Raymond Gourron, dit Alvarez, « constituaient par leur ensemble une sorte de dénigrement systématique qui lui avait causé un préjudice moral incontestable. » Et, sur ce point, il semble que le jugement se soit contredit lui-même en venant limiter un droit que, plus haut, il jugeait absolu sur le talent de l'artiste. Comment en effet est-il possible d'incriminer divers articles parce qu'on les considère en bloc alors qu'isolément, ils sont inattaquables ? Faudra-t-il donc que le critique mécontent d'un acteur ne donne son opinion sur lui qu'une fois sur deux, et que, pour faire passer le blâme, il lui prodigue des éloges qu'il ne pense pas ? L'intention malveillante qui, sans aucun doute, peut servir de base à une plainte, en dehors de toute diffamation et de toute injure, ne paraît pas ici suffisamment prouvée. Mais l'article du 10 octobre pouvait à lui seul fonder une condamnation. Le journal dut payer à M. Alvarez 1.500 francs à titre de dommages-intérêts, et faire les frais de l'insertion du jugement dans quatre journaux de Paris (1).

Implicitement, le tribunal tranchait une autre question qu'on avait débattue dans la presse à l'apparition du journal *Comœdia*. Jusqu'à ce moment, le droit de critique dramatique ne s'exerçait qu'à l'occasion des premières représentations : ce jour passé, la pièce et les acteurs n'étaient plus appréciés que par le public

____

(1) Trib. de la Seine, 9 janvier 1908; *Gaz. Trib*, 12 janvier 1908.

de chaque soir, sans que l'écho du jugement franchît le seuil du théâtre. Le nouveau journal établit, auprès des grandes scènes, une critique quotidienne : le jeu des acteurs fit, chaque jour, l'objet d'un article qui renouvelait ainsi pour eux toutes les vingt-quatre heures l'épreuve de la première. Il y eut quelques protestations. On soutint que la critique ne pouvait s'exercer qu'autant qu'on l'y conviait ; or on ne l'y conviait pas tous les jours. Elle devait se borner à l'examen des pièces nouvelles ; au lendemain de la première représentation, le directeur, l'auteur et l'artiste devenaient des commerçants qui vendaient au public leurs produits sans qu'on pût venir les troubler dans l'exercice de leur profession. La théorie était singulière ; il paraît évident qu'il n'y a pas une différence d'essence entre une première et une seconde représentation, et que, dans les deux cas, l'auteur présente à l'auditoire sa pièce, l'artiste son talent, dans une même intention. L'un et l'autre provoquent une appréciation du public, chaque fois que le rideau se lève, et lui donnent sur eux un droit de critique. On n'en peut être exclu parce qu'on en fait usage : c'est pourtant à cette singulière conclusion qu'on aboutirait. Le jugement du 9 janvier 1908, en déclarant que le signataire de l'article incriminé avait le droit absolu de critiquer le talent de l'artiste, a reconnu la légitimité d'une critique quotidienne.

§ 3. — Critique artistique

Elle ne soulève aucune question spéciale ; et les rares procès auxquels elle a donné lieu ne sont qu'une occasion nouvelle d'appliquer les principes connus. En 1880, un article du journal *l'Art* reprochait à des graveurs d'avoir « déshonoré leur art en signant des planches scandaleusement mauvaises » ; et il ajoutait qu'ils avaient fait preuve « de leur extrême élasticité de conscience » en alléguant pour excuse qu'ils avaient reçu une rémunération dérisoire. Le tribunal de la Seine reconnut dans cette dernière phrase une attaque dirigée contre la personne même des artistes, et condamna pour diffamation le gérant du journal à une amende et à 300 francs de dommages-intérêts envers les plaignants. En appel, le jugement fut confirmé par la Cour de Paris (1). L'accusation portée contre les graveurs, et la violence des termes employés commandaient à l'évidence ces solutions.

Deux ans plus tard, un procès analogue fut jugé par le tribunal de Bruxelles. Mais le cas était, cette fois, douteux ; s'il y avait abus, on l'apercevait assez mal. Un peintre, M. Van Beers, avait produit quelques-unes de ses œuvres dans une exposition publique. La presse

____

(1) Cour d'appel de Paris, 24 janvier 1881, *Gaz. Pal.*, 1881, 82.1.328.

les discuta vivement ; et un critique, M. Solvay, dans un article inséré au journal *la Gazette* « signala l'impossibilité, d'après lui, d'expliquer, sans admettre l'emploi de la photographie, certaines particularités du dessin, et le fini d'exécution atteint par l'artiste » ; il concluait en présentant « comme un fait constant pour lui que le peintre avait fait usage de procédés photographiques ». Et son opinion fut partagée par d'autres journaux. La critique fut très sensible à M. Van Beers qui poursuivit son auteur en dommages-intérêts. M. Solvay avait-il excédé les limites de son droit ?

La difficulté était réelle. Il semble bien qu'en effet, l'observation de M. Solvay diminuait la valeur esthétique des œuvres de l'artiste et rabaissait son talent. Mais sa probité professionnelle était-elle atteinte ? Y avait-il faute du critique ? On ne pouvait le dire. Nombreux sont les peintres qui ont recours à la photographie. Comment surprendre autrement que par l'objectif le mouvement d'un cheval au galop ? Il y a — qu'on me passe l'expression — les « ficelles du métier ». Le tribunal fit observer qu'en effet « l'emploi de la photographie dans la peinture était sujet à discussion ; que certains critiques le considéraient comme un abaissement de l'art, indigne du véritable artiste ; que d'autres, à tort ou à raison, n'y voyaient qu'un moyen mécanique de venir en aide à la réalisation des idées du peintre, le talent particulier de l'auteur pouvant toujours se

révéler dans son œuvre avec son cachet personnel. »
En tous cas, l'incertitude devait, en toute justice, profiter au critique ; on s'accorde à lui reconnaître, dans
l'intérêt général, un droit très étendu : il ne faut pas
risquer de restreindre abusivement ce droit quand on
n'est pas sûr que les limites en aient été franchies. Le
tribunal, à bon droit, jugea que l'observation de
M. Solvay n'était pas « de nature à porter atteinte à
l'honneur » de l'artiste, et qu'en l'écrivant, « il n'avait
fait qu'user du droit incontestable de la critique. » Le
peintre fut déclaré non fondé en son action. (1)

Il n'y a dans ces décisions aucun élément nouveau.
Une statue, un tableau sont, au même titre qu'un livre
ou une pièce, des œuvres soumises au public ; sur elles
le droit de critique reste intact, avec ses limites telles
qu'elles ont été définies.

(1) Trib Bruxelles, 31 janvier 1882, S. 82.4.24.

CHAPITRE II

Le droit de réponse en matière de critique

La presse est soumise à une législation spéciale qui,
très tôt, est venue réglementer sa liberté. Des devoirs
exceptionnels lui ont été imposés, et il a fallu que la loi,
pour rendre leur exécution positive, en déclare tenues
certaines personnes. On a soumis à une procédure particulière les crimes et délits commis par la voie de la
presse. Enfin, et pour ne pas laisser le public désarmé
en face des journaux, on lui a donné contre eux des
droits : tel est le droit de réponse, actuellement consacré par l'article 13 de la loi du 29 juillet 1881. Du
jour où la critique apparut dans un journal, elle tomba
sous le coup de cette législation. Mais il fallait que,
dans une presse libre, la critique fût plus libre encore.
On écarta d'elle l'application de l'article 1382 et des
textes de 1881 sur la diffamation et sur l'injure : et
c'était pour elle une question de vie ou de mort. On
put critiquer en pleine liberté les réputations artistiques
et littéraires ; et, dans les limites qu'on lui fixa, la cri-

tique fut souveraine. Mais irait-on plus loin ? Ajouterait-on, au régime déjà exceptionnel dont elle bénéficiait, une faveur nouvelle en la soustrayant à la menace du droit de réponse ? En tous cas, il faut remarquer dès maintenant que la question ne présentait plus pour la critique un intérêt vital ; permettre aux particuliers de répondre à ses jugements, ce n'est pas empêcher son exercice : les faits l'ont bien montré. Pendant près d'un siècle, l'incertitude fut grande parmi la jurisprudence et la doctrine : on était partagé entre le désir d'appliquer un texte de loi fort net, et la crainte d'entraver ainsi la liberté de la critique. On peut dire qu'aujourd'hui la question est résolue : l'accord n'est pas fait entre les adversaires, mais la jurisprudence est fixée, et la doctrine, en majorité, l'approuve.

La si longue discussion qu'a soulevée l'application du droit de réponse aux articles de critique, se base sur des textes de lois : ont-ils prévu la difficulté qui allait survenir, et, dans ce cas, quelle solution ont-ils adopté ? Ou bien n'ont-ils posé qu'un principe très général pour lequel, d'avance, ils auraient admis des exceptions ? La lettre de la loi serait insuffisante à préciser ces points ; mais la délibération qui précéda le vote pourra les éclairer. Un rapide historique de la législation du droit de réponse fera l'objet de la première section de ce chapitre.

La seconde étudiera l'application du droit de réponse

aux articles de critique, telle qu'en fait la jurisprudence l'a établie. Et il n'y aura plus ici à envisager séparément la critique littéraire, dramatique et artistique. Une seule question se pose : un particulier peut-il répondre à la critique de son œuvre ? La nature de cette œuvre est indifférente.

1. La législation du droit de réponse

La Déclaration des Droits de l'Homme avait proclamé la liberté de la Presse sans songer à garantir les individus contre les abus possibles de la nouvelle puissance ; une action judiciaire seule leur était ouverte, d'un exercice difficile puisqu'il fallait qu'il y eût eu calomnie démontrée par le plaignant lui-même (1). Le Directoire voulut combler cette lacune. Le droit de réponse fit sa première apparition en l'an vii, sous la forme d'un amendement au projet qui fut soumis au Conseil des Cinq-Cents. On le rejeta. En 1822, au cours de la discussion d'un second projet de loi sur la presse, il fut proposé à nouveau par M. Mestadier à la Chambre des Députés qui l'adopta ; il passa à la Chambre des Pairs qui l'établit enfin sous l'article 11 de la loi du 25 mars 1822 ainsi conçu : « Les propriétaires ou éditeurs de tout journal ou écrit périodique, seront

(1) Doré, *Le droit de réponse*, thèse 1902.

tenus d'y insérer, dans les 3 jours de la réception ou
dans le plus prochain numéro s'il n'en était pas publié
avant l'expiration des 3 jours, la réponse de toute personne nommée ou désignée dans le journal ou écrit périodique, sous peine d'une amende de 50 à 500 francs,
sans préjudice des autres peines et dommages-intérêts
auxquels l'article incriminé pourrait donner lieu. Cette
insertion sera gratuite et la réponse pourra avoir le
double de la longueur de l'article auquel elle sera
faite. »

A la Chambre des Pairs, le droit de réponse n'était
pas passé sans opposition. Le comte Lanjuinais ouvrit
la discussion, à la séance du 4 mars 1822 (1), en demandant le rejet de l'article 11 : « Le vague de la disposition, les inquiétudes qu'elles pouvaient faire
naître » lui semblaient des motifs suffisants pour provoquer sa suppression. Le duc de Broglie, après lui,
prit la parole, et porta contre l'article des accusations
plus précises. Après avoir fait remarquer que le droit
de réponse avait toujours été écarté « comme injuste
dans ses conséquences et dangereux pour l'ordre
public », il estima que les mêmes raisons devaient
encore cette fois le faire rejeter. « Si vous obligez le
journaliste, dit-il d'abord, à insérer dans sa feuille
toute réponse qui lui sera envoyée, comme il ne

____

(1) *Moniteur universel*, 13 mars 1822.

saurait être responsable de cette insertion forcée, vous ouvrez la porte à une foule d'abus dangereux. La réponse en effet peut contenir un délit. Ce délit aura les mêmes résultats que les autres délits de la presse périodique ; et cependant, il ne pourra être l'objet de la même répression puisque l'auteur de la réponse ne présentera aucune des garanties demandées au journaliste. »

A côté de ce grief, le duc de Broglie en élevait un autre et dénonçait les dangers qu'allait présenter pour la presse la nouvelle disposition : « La critique littéraire ou théâtrale, les discussions politiques, la chronique du jour blessent souvent quelques amours-propres. Que deviendra le journaliste et son entreprise, si, chaque jour, il se voit obligé d'insérer une réponse qui pourra remplir toutes ses colonnes s'il s'agit d'un article sérieux de littérature, ou le feuilleton entier si c'est un acteur qui veut y insérer son apologie ? » C'était la question même qui, après le vote de la loi, fut si longtemps et si ardemment discutée dans la jurisprudence et la doctrine. Elle fut donc soulevée au cours de la séance de 1822, et la difficulté ne dut pas paraître insurmontable à la Chambre des Pairs puisqu'en fin de compte, elle vota le projet. On aurait pu proposer un amendement qui écartât la critique du régime commun : on ne le fit pas ; et ce n'est pas un oubli puisque le duc de Broglie avait signalé l'objection. L'article fut adopté dans sa généralité sans qu'aucune exception soit venue restreindre son domaine. Il semble bien que ce soit déjà là une première indication dans le sens d'une compréhension large de l'article 11.

Le marquis de Bonnay vint appuyer à la tribune l'opinion de ses collègues hostiles au droit de réponse, et demanda qu'en tous cas il ne soit accordé qu'à l'individu désigné dans le journal *d'une manière injurieuse*. Et un amendement rédigé dans ce sens fut aussitôt déposé sur le bureau du président par le comte de Montalivet.

Le comte Boissy d'Anglas soutenait au contraire le droit de réponse comme la seule réparation possible du tort que les journaux peuvent causer aux particuliers. « C'est seulement dans le journal même où l'attaque a été publiée que l'on peut répondre utilement ; car, sans cela, on s'adresse à une autre classe de lecteurs et l'on ne fait que donner une publicité plus grande à l'injure dont on se plaint. La disposition est donc juste en elle-même. » Quant aux inconvénients qui pouvaient en résulter pour le journaliste, n'y avait-il pas à leur opposer des avantages certains : « La crainte de voir ses colonnes remplies par les réponses qu'il pourra provoquer le contiendra dans les limites d'une juste modération. »

A son tour, le Garde des Sceaux, M. de Peyronnet, vint défendre le projet, et répondit aux objections sou-

levées. Au duc de Broglie, il assura qu' « il s'était mépris
en pensant que l'obligation imposée au journaliste
écartait celui-ci de la responsabilité qui peut s'attacher
à cette insertion. La loi ne peut obliger personne à
commettre un délit, et le journaliste sera le juge nécessaire de la réponse qui lui sera adressée. Si elle est
innocente, il sera tenu de l'insérer ; si elle est coupable,
aucune loi ne peut l'y obliger ; et jamais aucun tribunal
n'admettrait pour excuse d'une réponse criminelle l'o-
bligation que le journaliste prétendrait lui être imposée
par la loi de l'insérer. » Le ministre examinait ensuite
l'amendement proposé par le comte de Montalivet :
fallait-il restreindre l'obligation d'insérer la réponse au
cas où le journal aurait désigné l'individu d'une manière
injurieuse ? Il conclut à la négative. Il craignait en effet
« que cette limitation ne rendît illusoire la disposition
de l'article. Le journaliste soutiendrait toujours qu'il
n'a pas eu dessein de faire injure, et, se constituant
ainsi juge de la nécessité de la réponse, il se dispen-
serait de l'insérer. D'ailleurs ne serait-ce pas pousser
trop loin la faveur envers les journalistes que d'autoriser de leur part les insinuations les plus fâcheuses,
pourvu qu'elles ne continssent pas une injure formelle. »

Le comte Molé vint alors proposer un autre amendement qui, comme le premier, tendait à restreindre la
portée du droit de réponse ; et le comte de Montalivet,
abandonnant le sien, appuya celui de son collègue. On

ajoutait à l'article, après les mots : *toute personne
nommée ou désignée*, ceux-ci : *dans sa vie privée*.

Le duc Decazes enfin signala une contradiction qu'il
lui semblait apercevoir dans le discours de M. de Peyronnet, et sollicita de lui des explications. « Le ministre,
faisait-il remarquer, a dit en terminant que le journaliste ne devait pas être laissé maître d'insérer la réponse, ou de se dispenser de le faire. Si cependant on
convient qu'il ne peut être tenu d'insérer une réponse
criminelle, s'il est évident qu'il ne peut être non plus
obligé d'insérer une réponse qui n'aurait aucun trait
à son article, comment ne pas reconnaître qu'il doit
rester juge de la réponse, et comment ne pas craindre
alors que l'intérêt que la loi veut garantir, ne le soit pas
d'une manière suffisante ? »

Amené à préciser son intention, M. de Peyronnet le
fit de façon très nette, et définit en ces termes le rôle du
journaliste dans l'appréciation d'une réponse : « Sans
doute, je l'ai dit, et je le répète, le journaliste ne doit
pas être juge de la réponse, mais en ce cas seulement
qu'il ne peut juger de son utilité ou de sa nécessité dans
l'intérêt de son auteur. Ainsi, que le particulier qui la
présente, ait tort ou raison de se trouver offensé par
l'article où il aura été désigné, dès lors qu'il l'a été, le
journaliste doit insérer sa réponse. Mais cette obligation
ne peut entraîner celle de publier un article coupable,
et c'est ici qu'il redevient, par la nécessité des choses,

juge, non pas de l'opportunité de la réponse, mais de ce que la réponse peut contenir. S'il l'admet, il encourt toute la responsabilité qu'elle peut entraîner ; s'il la refuse, et que l'auteur croie pouvoir se plaindre de ce refus, c'est aux tribunaux qu'il appartient de prononcer. Si le refus leur paraît motivé, ils déchargeront le journaliste de toute poursuite ; ils lui appliqueront au contraire l'amende et les dommages-intérêts prononcés par l'article discuté si le refus leur paraît injuste et dénué de raisons suffisantes. » La Chambre des Pairs mit fin à la discussion en votant l'article dans les termes du projet.

Toutes les objections qui furent soulevées à la séance du 4 mars 1822 reparurent plus tard devant les tribunaux quand il s'agit d'appliquer l'article 11. On chercha à limiter sa portée, à le restreindre à certains cas déterminés ; on voulut surtout mettre à part la critique et faire adopter pour elle un régime de faveur en déniant le droit de réponse à ceux qu'elle attaquait. Les termes de la loi, très généraux, paraissaient la négation même d'un pareil système ; la discussion qui précéda le vote à la Chambre des Pairs vient encore renforcer cette impression : on a tenu à donner au droit de réponse un caractère d'absolue généralité.

La loi du 29 juillet 1881, sur la liberté de la presse, est venue remplacer la loi de 1822 ; mais on a conservé intact le droit de réponse qui fait l'objet de l'article 13

de la nouvelle loi. « Votre commission, disait au Sénat
le rapporteur de la loi de 81, a maintenu en principe le
droit de rectification et de réponse pour toute personne
publique ou privée : elle l'a fait parce qu'elle le considère comme un droit naturel... » (1) On n'est borné à
substituer la responsabilité du gérant à celle du propriétaire ou de l'éditeur, et l'article se termine maintenant par les dispositions suivantes : « Cette insertion
devra être faite à la même place et en mêmes caractères
que l'article qui l'aura provoquée. Elle sera gratuite
lorsque les réponses ne dépasseront pas le double de la
longueur dudit article. Si elles le dépassent, le prix d'insertion sera dû pour le surplus seulement. Il sera calculé au prix des annonces judiciaires. » Ces dispositions
accessoires n'ont pas altéré les caractères essentiels du
droit de réponse qui est demeuré en 1881 ce qu'il était
en 1822.

2. Le droit de réponse appliqué à la critique

§ 1ᵉʳ. — Peut-on répondre a un article de critique

La question ne tarda pas à se poser. Du premier jour,
la presse tenta de faire restreindre par les tribunaux
un droit que le législateur avait créé absolu, et où elle

(1) Sirey, *Lois annotées de 1822*, p. 206, note 22.

craignait de trouver une entrave à sa liberté. Il faut dire que, repoussé une première fois sous le Directoire, adopté enfin en 1822, il n'avait pas encore fait ses preuves, et qu'après tout, les inquiétudes se justifiaient.

En 1826 déjà, la Cour de Lyon, confirmant un jugement du Tribunal, avait décidé que la personne nommée dans un journal, même sous un simple rapport littéraire, était en droit d'exiger l'insertion d'une réponse. Trois ans plus tard, un procès soulevait à nouveau la question et la portait jusqu'à la Cour de Cassation. Le comte de Flotte-d'Argenson avait publié en 1829 un ouvrage intitulé *le Nouveau Portulan*. Le journal *l'Aviso de Toulon* en rendit compte et signala en même temps un autre ouvrage qui venait de paraître sur le même sujet. « Nous ne pourrions, disait-il, nous empêcher de rendre compte des deux Portulans que viennent de mettre au jour deux auteurs différents, appartenant l'un et l'autre au corps royal de la marine ; l'un se présente avec la réputation d'un marin habile et qui a longtemps parcouru les mers, l'autre avec celle d'un homme d'esprit... En résumé, l'ouvrage de M. de Flotte est bien loin de faire oublier *le Manuel du Pilote*, et nous ne pouvons qu'encourager M. Baudin à continuer ses travaux et à ne pas considérer comme un rival l'auteur du *Nouveau Portulan*. » M. de Flotte, mécontent de la critique, voulut profiter du bénéfice que lui accordait la loi de 1822 ; il adressa une longue réponse à l'Aviso. Le gérant du journal, M. Marquezy, réfusa de l'insérer, et fut aussitôt assigné devant le tribunal correctionnel de Toulon.

Le procès connut tous les degrés de juridiction : du tribunal de Toulon, il passa à la Cour d'Aix et aboutit en Cassation. L'avis fut unanime : il consacrait le bon droit de M. de Flotte. Le gérant du journal avait apporté à l'appui de sa thèse un seul argument : il soutenait que la réponse n'était légitime qu'au cas où elle avait pour but de redresser une injure ou une diffamation : l'article de l'Aviso, qui était une critique littéraire, ne pouvait donc la comporter. La Cour de Cassation, après le jugement de Toulon et l'arrêt d'Aix, déclara que jamais la loi n'avait fait une telle distinction, et qu'au contraire, il entrait dans son esprit de donner la plus grande extension à l'article 11 (1). C'était l'application très simple d'un texte très net. Mais, à ce moment, la lutte commençait à peine entre auteurs et journalistes. On ne prévoyait pas tout l'intérêt qu'allait présenter la solution. La majorité de la presse ignorait même la question, demeurée jusque là dans le champ des hypothèses théoriques. Aucun argument sérieux n'était encore forgé. Et le procès de Toulon, resté local, n'avait pas réussi à attirer sur l'article 11 l'attention publique. La jurisprudence s'était prononcée en toute li-

(1) Cass., 11 sept. 1829, D. 29.1.356.

berté, dans le calme d'une discussion qu'aucune polémique n'avait encore obscurcie.

L'incertitude allait commencer dans la jurisprudence
avec un jugement du tribunal correctionnel de la Seine,
en 1834. Théophile Gautier avait inséré dans *la France
littéraire* du mois de janvier, une notice sur Villon. *Le
Constitutionnel* la critiqua en termes très vifs, et, avec
elle, la revue qui la publiait : « A quel degré de dépra-
vation, disait-il, le goût et la morale sont-ils arrivés
pour qu'on ose signer un pareil article, et pour qu'une
feuille périodique ose le publier. Ce n'est pas que ce
recueil ne contienne que des articles de ce genre. Tous
ceux qu'on y trouve n'ont pas ce caractère de dévergon-
dage ; mais il en est peu qu'un goût délicat puisse
avouer. D'ailleurs, l'admission d'un seul homme de
mauvais ton ne suffit-elle pas pour discréditer la meilleure compagnie. » Le gérant de la France littéraire,
M. Malo, adressa au Constitutionnel une lettre expli-
cative qui ne fut pas publiée ; et il déposa contre le
journal une plainte en refus d'insertion. L'avocat de la
France littéraire déclara que « si M. Gautier ne se
plaignait pas lui-même d'avoir été diffamé, c'est que,
pour un homme d'honneur, il était une réparation tout
autre à demander à l'article brutal du Constitutionnel ;
la gérance de ce journal confiée à un homme de l'âge
de M. Bailleul (72 ans) faisait une fiction de la responsabilité et empêchait M. Gautier de demander à ses

cheveux blancs la seule réparation dont il fut désireux. »

Le ministère public conclut nettement au rejet de la plainte. Il reconnut d'ailleurs que les termes de la loi, et son interprétation à la Chambre, paraissaient légitimer l'action de M. Malo ; mais il ne s'en crut pas moins autorisé à ne pas l'appliquer. Il passait sous silence l'argument qu'en 1829 invoquait le journal de Toulon, à l'appui de la même thèse : et c'eût été courir à un échec certain que d'opposer ce qui était une contradiction formelle à la loi. Il préféra dénoncer les dangers que présenterait l'application à la critique de l'article 11. « De ce qu'un amendement jeté dans une loi à l'improviste et presque sans discussion, aura créé, en faveur de toute personne qui aura été nommée dans un journal, le droit d'y faire insérer une réponse qui peut avoir le double de la longueur de l'article auquel elle s'adresse, s'ensuivra-t-il que tous les amours-propres froissés puissent se donner la satisfaction, si ambitionnée par tant de gens, de figurer en nom, de s'encenser eux-mêmes dans les journaux ?... Tout auteur dont la presse quotidienne aura parlé en bien ou en mal, le premier acteur venu ou la figurante dont on aura critiqué le jeu, la voix, la danse ou la pose du pied seulement, seraient-ils donc autorisés par la loi ou par vous à assiéger les feuilles périodiques de leurs réclamations ? Que deviendrait donc, avec un pareil système, la critique littéraire et théâtrale, qui répond à

une des nécessités de notre époque et de la civilisation
elle-même ? » L'argument fit une vive impression ; et
la Gazette des Tribunaux note, à ce moment, une « *sen-*
sation prolongée » et une « *adhésion unanime au*
barreau ». A vrai dire, on l'avait opposé déjà à la
Chambre des Pairs, et l'article 11 n'en avait pas moins
été voté dans sa généralité ; ce qui paraît bien signifier
qu'on entendait soumettre la critique au régime
commun. Pourtant le tribunal rendit son jugement con-
formément aux conclusions de l'Avocat du Roi ; mais il
eut soin de baser sa décision sur un autre motif, d'apparence plus juridique. M. Malo, dans sa réponse, reprochait au rédacteur du Constitutionnel sa « partialité
vraiment inexplicable », et supposait qu'il « n'avait
jamais lu la France littéraire ou qu'il avait un intérêt
personnel à lui nuire. » La jurisprudence actuelle eût
sans doute admis que la vivacité de la critique légitimait
ces expressions ; le tribunal considéra qu'elles étaient
injurieuses pour le journaliste et que « le gérant du
Constitutionnel, en se bornant à publier dans le numéro
du 6 juin la substance de la réponse, avait suffisamment
rempli le vœu de la loi. » (1) C'était tourner habilement
la difficulté. Mais, après les conclusions du ministère
public, et malgré les efforts du tribunal pour masquer
l'évidence de ce retour de jurisprudence, le principe gé-

____

(1) Trib. de la Seine, 2, 9, 17 juillet 1834, *Gaz. Trib.*, 3, 11, 17 juillet 1834.

néral de l'article 11 était entamé. On le vit bien quelques années plus tard, quand un nouveau procès amena le tribunal à trancher nettement la question.

Il s'agissait cette fois d'une querelle musicale. M. Busset, géomètre en chef du cadastre dans le département de la Côte-d'Or, ne donnait pas tout son temps à ses fonctions ; il aimait à s'en distraire par l'étude de la musique ; et cela, expliquait son avocat, « non pas à titre d'amusement pour lui-même, mais dans un but uniquement profitable à l'art. » Pour prouver qu'il était mieux qu'un amateur, M. Busset publia un *Traité de la musique simplifiée* ; la *Gazette musicale* l'apprécia en termes flatteurs, et on rappela à l'audience que l'article était signé « d'un de nos jeunes compositeurs les plus justement renommés, de M. Berlioz ». Encouragé par ce succès, M. Busset annonça bientôt qu'il venait de faire une découverte scientifique : il avait constaté l'existence du mode mineur, si longtemps recherché en musique, dans la consonnance des cloches. Cette fois la Gazette musicale n'adressa aucun éloge à M. Busset ; par la plume du célèbre critique Fétis, elle déclara tout au contraire que le mode majeur se trouvait seul dans la consonnance des cloches. M. Busset répondit à M. Fétis, M. Fétis répliqua à M. Busset, et les deux lettres parurent ensemble dans le numéro du 28 janvier 1838. M. Fétis assurait que les cloches de M. Busset étaient de mauvaises cloches, et que sa découverte, déclarée impossible par un savant allemand, était bien la preuve, chez son auteur, de la plus complète ignorance. M. Busset voulut encore répondre, comme il en avait le droit, à cette dernière critique ; mais, le gérant du journal refusant d'insérer sa lettre, il le poursuivit en justice. Le tribunal correctionnel de la Seine devant qui l'affaire fut portée, avait, quatre ans plus tôt et sous une forme déguisée, laissé soupçonner son avis sur la question. Le 21 février 1838, il la trancha dans le même sens, mais en termes formels, après lesquels aucun doute ne pouvait subsister sur ses intentions. Il invoquait à l'appui de sa décision un argument nouveau qui, depuis ce jour, vint étayer à chaque procès la thèse des journalistes : « Attendu, disait-il, que le droit de faire insérer une réponse dans les journaux n'appartient qu'aux personnes nommées ou désignées sans leur consentement dans un journal ; que ce droit ne saurait dès lors appartenir à un auteur ou artiste qui a livré son œuvre à la publicité et a ainsi appelé la discussion sur cette œuvre... » C'est la théorie de la renonciation présumée des auteurs au droit de réponse. Le journal était renvoyé des fins de la plainte et M. Busset condamné aux dépens (1). On paraissait décidé maintenant dans la jurisprudence des tribunaux à soustraire la critique au droit de réponse.

(1) Trib. de la Seine, 21 février 1838, *Gaz. Trib.*, 22 février 1838.

Le procès de 1845 intenté par M. Loyau de Lacy au Constitutionnel allait renouveler encore une fois les incertitudes et résumer toutes les hésitations de la jurisprudence, mais pour l'orienter enfin dans la voie que, depuis, elle n'a plus quittée. On était à ce moment partagé entre deux solutions contraires ; il y avait des jugements et des arrêts dans les deux sens ; une opinion valait l'autre. Il fallait se décider. Ce fut la Cour de Cassation qui trancha la question.

En janvier 1845, M. Loyau de Lacy faisait représenter à l'Odéon une tragédie en cinq actes, en vers, *le Lys d'Evreux*. Le critique dramatique du Constitutionnel, M. Rolle, avait d'abord déclaré qu'il n'en rendrait pas compte. Le Lys d'Evreux n'était pas entré sans coup férir sur la scène de l'Odéon : « ballotté d'audiences en audiences et d'assignations en assignations, il avait fini par trouver un allié dans le Tribunal de Commerce, par s'ouvrir les portes du second Théâtre Français, et par s'y faire un passage à grands coups d'un jugement en bonne forme. » Et M. Rolle se défiait de cette tragédie judiciaire : « je n'en parlerai pas, écrivait-il, à moins que l'auteur ne m'assigne à comparoir par devant MM. les Président et Juges, et que, de même qu'il a fait représenter sa pièce, il ne m'oblige à la voir par autorité de justice. » Huit jours après, il lui consacrait dans le Constitutionnel un article humoristique de huit colonnes, et citait plusieurs passages de l'ouvrage.

M. Loyau de Lacy reconnut les citations inexactes et
comme mutilées à dessein ; il adressa au gérant du
Constitutionnel une réponse où il les rétablissait dans
leur vraie forme. Le journal refusa de l'insérer et la difficulté fut soumise au tribunal correctionnel de la Seine.

Il est probable que le Constitutionnel attendait sans
inquiétude la solution ; et il avait toutes raisons de
penser qu'elle lui serait favorable. Par deux fois, en
1834 et en 1838, le tribunal de la Seine avait jugé que
l'article 11 ne s'étendait pas aux articles de critique ;
l'ancienne jurisprudence de 1829 paraissait aban-
donnée ; la presse triomphait. L'étonnement fut grand
quand, le 13 mars 1845, le jugement fut rendu : il ordonnait, dans les trois jours, l'insertion de la réponse,
et condamnait le journal à 50 francs d'amende et aux
dépens (1). En termes nets, il affirmait la généralité du
droit de réponse : « Elle doit être insérée toutes les fois
qu'il existe un rapport entre elle et l'article qui l'a provoquée, sous la seule réserve qu'elle ne contienne rien
d'injurieux ou de contraire aux lois. Si la critique sérieuse doit pouvoir s'exercer librement et si elle ne peut
donner lieu que très difficilement (aussi sévère qu'on la
suppose) à des plaintes en diffamation de nature à être
accueillies par les tribunaux, le droit de la critique,
alors surtout qu'elle s'appuie sur des citations et extraits

____

(1) Trib. de la Seine, 13 mars 1845, S. 45.2.309, D. 45.2.86.

inexacts, ne peut aller jusqu'à dépouiller celui qui en
est l'objet, du droit de réponse qui est consacré sans
distinction par la loi, et n'est que l'exercice du droit naturel et légitime de défense. » C'était revenir à l'application pure et simple de la loi. Le Constitutionnel fit
aussitôt appel.

Deux mois plus tard, la Cour de Paris lui donnait
raison et infirmait le jugement du 13 mars (1) en re-
prenant l'argument que le tribunal avait lui-même in-
voqué en 1838 à l'appui de son ancienne thèse. Un
auteur, disait-elle, en publiant son ouvrage, le soumet à
l'examen et à la discussion de la presse ; il provoque la
critique et s'interdit d'avance de lui répondre, si elle ne
contient à son adresse aucune attaque personnelle. Le
seul fait d'être nommé ou désigné dans un article de critique, ne peut donc conférer à un auteur le droit d'exiger
du journal l'insertion d'une réponse. Cela équivalait en
somme à contredire formellement la loi. Et c'est ce que
remarquait l'annotateur du Dalloz en reproduisant
l'arrêt. Devilleneuve, dans le Sirey, approuvait au contraire la solution ; il lui semblait qu'une limite devait
être apportée au droit trop général consacré par la loi,
sous peine de rendre impossible toute critique littéraire
et artistique. De sorte qu'en principe, on n'accordait pas
à un auteur la faculté de l'article 11 ; on la subordonnait

______

(1) Cour de Paris, 6 mai 1845, S. 45.2.308, D. 45.2.86

à l'existence, dans la critique, d'une intention malveillante ou à l'inexactitude du compte rendu ; on ne la
donnait que dans des cas exceptionnels. Et on aboutissait ainsi à renverser très exactement les dispositions
du législateur de 1822. La confusion était extrême.
Jusqu'ici, l'incertitude de la jurisprudence n'était ap-
parue qu'à la comparaison des solutions données dans
des causes distinctes, c'est-à-dire d'une façon assez peu
apparente pour le public. Maintenant, elle se manifestait
dans un même procès et devenait éclatante. Les écrivains judiciaires examinèrent la question. Bientôt, la
presse tout entière s'en empara ; le débat la touchait de
près ; il ne s'agissait de rien moins, pensait-elle, que de
sa liberté. Dans les journaux, les polémiques commen-
cèrent. De son côté, M. Loyau de Lacy ne se décou-
rageait pas ; il savait combien forte était sa position et
qu'il avait tout à gagner à une nouvelle discussion
devant les tribunaux. Il se pourvut en Cassation. C'est
d'elle qu'allait maintenant dépendre la solution du
conflit.

Le 27 novembre, elle rendit son arrêt : elle maintenait
intacte la doctrine qu'une première fois, elle avait consacrée en 1829 et cassait la décision de la Cour d'appel.
Le principe était d'abord posé : « L'article 11 ne distingue point les cas où la personne désignée aura ou
n'aura pas le droit de réclamer du journal l'insertion de
sa réponse ; il faut en conclure que le droit d'insertion

existe dans tous les cas et que la personne nommée ou désignée doit seule apprécier son intérêt à répondre à l'article qui la concerne, quelle que soit la nature des faits ou des réflexions à l'occasion desquels son nom figure dans le journal. » A cette règle, une seule exception : « Sauf le droit des tribunaux d'autoriser le journaliste à refuser l'insertion d'une réponse qui serait contraire aux lois, aux bonnes mœurs, à l'intérêt des tiers ou à l'honneur du journaliste lui-même, la faculté de répondre ne peut en aucun cas être refusée par le tribunal à toute personne nommée ou désignée dans un journal. » (1)

Sans aucun doute, la décision était conforme à l'esprit comme au texte de la loi ; elle marquait, de plus, la constance d'une jurisprudence inaugurée quinze ans plus tôt et trop fortement appuyée sur un texte pour qu'on puisse l'entamer avec quelque chance de la renverser. Mais son retentissement fut considérable comme si elle consacrait un principe nouveau et révolutionnaire. La presse se crut atteinte dans ses droits, et, parmi les journaux, les protestations furent à peu près unanimes. M. Maze (2) signale quelques articles significatifs : « La jurisprudence de la Cour de Cassation, s'écriait le *Journal des Débats*, serait la ruine des journaux ! Qui ne voit qu'avec le droit absolu de ré-

(1) Cass., 27 nov. 1845, S. 46.1.209, D. 46.1.12.
(2) Maze, *Le droit de réponse*, thèse 1900, p. 86.

ponse, on transporterait notre propriété à autrui, on ferait du journal une place publique ouverte à tous les sots et à tous les ennuyeux, une tribune posée sur la borne ? » Le *Courrier Français* écrivait : « La danseuse produit sa jambe au public, de même fait le journaliste de sa critique. C'est le public qui juge si la critique est juste et si la jambe est bien faite. Le droit du talion est banni de nos lois. » Pourtant *la Presse* donnait une autre note : « A en croire les journaux, disait-elle, c'en serait fait de la liberté de la presse ; elle n'existerait plus, elle ne pourrait plus exister !... On s'obstine à toujours confondre la liberté de la presse avec le journalisme. Quand vous parlez du droit de réponse, quand vous le trouvez dangereux, dites, si vous le voulez, qu'il est une atteinte portée à l'inviolabilité du journalisme, mais ne dites pas qu'il est une atteinte portée à la liberté de la presse. Car, loin de diminuer cette liberté, il l'étend ; loin de la frapper, il la consacre. La main sur la conscience, trouvez-vous donc bien juste et parfaitement légitime de pouvoir, à l'abri d'un journal, disposer à votre gré de la réputation qui vous déplairait, sans que celui que vous attaquiez pût se défendre. » Mais l'opinion de *la Presse* restait isolée. On considéra que l'arrêt de la Cour de Cassation mettait les journaux à la merci du public, et les menait à la ruine prochaine ; on s'attendait à voir, du jour au lendemain, leurs colonnes encombrées par les réponses. *La Gazette des Tribunaux*

elle-même annonçait que le droit de critique était frappé
à mort, et Devilleneuve, au Sirey, déclarait que le principe consacré par la Cour « dépassait le but et la pensée
du législateur ».

Il y avait dans ces craintes une évidente exagération.
Depuis 1822, l'article 11 existait. Une première fois, la
Cour de Cassation l'avait appliqué dans toute sa généralité ; elle n'établissait même pas alors les limitations
qu'en 1845 elle apportait au principe : et pourtant,
aucun abus ne s'était produit, les journaux avaient con-
tinué à vivre sous ce régime que, tout à coup, ils dé-
claraient inadmissible. Deux jugements de Paris avaient,
il est vrai, interprété, depuis, l'article 11 dans un sens
restrictif. Mais la jurisprudence de la Cour Suprême
n'en subsistait pas moins, offrant un appui sûr à l'auteur
dépouillé de son droit. Le procès de 1845 n'avait été
pour la Cour que l'occasion de maintenir une doctrine
déjà ancienne. Il n'y avait pas lieu de craindre pour l'a-
venir des abus qu'on n'avait pas signalés dans le passé.

Les journalistes mirent leur dernier espoir dans la
Cour de renvoi : on comptait sur un conflit. Ils furent
déçus : l'avis de la Cour de Cassation fut affirmé à
nouveau le 9 juin 1846 par la Cour d'appel d'Orléans :
« La réponse est l'exercice légitime du droit naturel de
la défense ; l'esprit de la loi repousse la distinction in-
voquée en faveur de la critique littéraire. » (1) La thèse

(1) Orléans, 9 juin 1846, D. 46.2.116.

des journalistes, deux fois condamnée par la Cour de
Cassation, était maintenant repoussée par la Cour
d'appel, après un triomphe momentané devant les tribunaux. Allait-elle reparaître, jeter encore une fois
la jurisprudence dans l'incertitude ? On pouvait en
douter. Pourtant Devilleneuve dans le Sirey maintenait
son opinion et ajoutait : « C'est à l'avenir de nous ap-
prendre si cette doctrine n'ouvre pas la porte aux abus
signalés et n'aboutit pas à rendre impossible toute critique littéraire. » Les polémiques cessèrent. On attendit.

Les craintes manifestées par la presse ne se réali-
sèrent pas. La critique continua de s'exercer normale-
ment, et sa liberté ne souffrit pas du régime de l'article
11. Les réponses étaient rares, et les procès plus encore.
C'est à peine si, en cinquante ans, on en peut noter
quatre ou cinq ; tous ils agitaient des questions secon-
daires et supposaient admis le principe de la Cour de
Cassation. La difficulté paraissait définitivement résolue : la jurisprudence était unanime ; dans les rangs
des journalistes, aucune protestation ne s'élevait plus.
Un procès vint tout remettre en question. Son retentissement fut considérable. Il s'agissait d'une pièce jouée à
la Comédie-Française, première raison à Paris pour
qu'il ne passe pas inaperçu. Et seule, la personnalité des
défendeurs lui eût d'ailleurs assuré l'attention du
public : M. Jules Lemaître avait signé la critique dans
la Revue des Deux Mondes, et M. Brunetière, assigné

comme gérant devant le tribunal correctionnel de la
Seine, présentait lui-même sa défense. Une dernière
fois, l'assaut fut livré à l'article 11, avec une extrême
vigueur et une méthode qui purent, un instant, faire
croire au succès. On épuisa tous les degrés de juridiction. Mais la jurisprudence resta inébranlable. Et ce
procès grâce auquel on avait espéré renverser enfin les
principes admis, servit à les affermir et les rendit défi-
nitifs. Il apparaît ensuite comme le résumé et la synthèse
du long débat qui se poursuivait depuis 1822 : tous les
arguments qu'au cours des années, la pratique avait
opposés, se retrouvent ici, d'autres même sont soulevés.
Ce sera le lieu d'en faire alors la discussion théorique,
et de jeter sur la question un coup-d'œil d'ensemble.

C'est encore une pièce en cinq actes et en vers qui
devait être l'occasion du nouveau procès. Le 14 mai
1897, la Comédie-Française donnait la première représentation de *Frédégonde*, œuvre d'un débutant dans la
carrière dramatique, M. Dubout, banquier à Boulogne-
sur-Mer. La pièce fut mal accueillie par la critique. On
jugea qu'elle portait les traces d'une grande inexpé-
rience et que la construction en était défectueuse : le
quatrième acte seul trouva grâce. En tous cas, — et l'on
peut constater ici que la critique a, sur le succès d'une
pièce, une influence réelle — la recette tomba, dès le
second jour, à une somme dérisoire ; et Frédégonde disparut bientôt de l'affiche. L'article qu'avait publié le

1ᵉʳ juin M. Jules Lemaître dans la Revue des Deux Mondes parut à M. Dubout particulièrement dur : il ne ménageait ni l'auteur ni ses interprètes, et contenait même une inexactitude : entre la répétition générale et la première représentation, M. Dubout avait supprimé un tableau du cinquième acte ; or l'article de M. Jules Lemaître, écrit après la répétition générale, ne tenait pas compte de cette suppression et critiquait vivement le passage retranché. M. Dubout envoya à la Revue une réponse qui ne fut pas publiée, et assigna M. Brunetière devant le tribunal correctionnel pour refus d'insertion. Il se basait cette fois sur l'article 13 de la nouvelle loi du 29 juillet 1881 qui reproduisait presque textuellement l'ancien article 11.

Le jugement du tribunal admit en principe la plainte de M. Dubout, mais en fait donna raison à son adversaire. Il reconnaissait, avec la jurisprudence antérieure, la généralité du droit de réponse, donné sans distinction par la loi à toute personne nommée ou désignée dans un journal. Mais M. Dubout avait cité dans sa lettre, pour les opposer aux critiques de M. Lemaître, les jugements divergents portés sur son œuvre par d'autres écrivains : le tribunal considéra qu'il y avait là une atteinte à l'intérêt des tiers et que la résistance de M. Brunetière, inadmissible en théorie, se justifiait en fait. C'est là une question accessoire qui fera l'objet d'un paragraphe spécial. Il suffira de remarquer ici que le tri-

bunal, tout en repoussant la demande de M. Dubout,
maintenait les principes de l'ancienne jurisprudence (1).

Ce jugement qui voulait concilier tout le monde, ne
satisfit personne. Et, quelques mois plus tard, l'affaire
revint devant la Cour d'appel. L'arrêt, longuement motivé, comme pour mettre fin une fois pour toutes aux
controverses, rejetait les moyens invoqués par M. Brunetière, et, sans équivoque, affirmait la persistance de
la tradition : la Revue des Deux Mondes fut condamnée
à insérer dans son plus prochain numéro la réponse de
M. Dubout (2). Infatigable, M. Brunetière se pourvut en
Cassation. Et pourtant, quel espoir pouvait-il conserver ?
Au milieu de l'hésitation générale, la Cour de Cassation
était seule restée fidèle à son premier avis, et, depuis
70 ans, maintenait l'unité de jurisprudence ; elle n'allait
pas tout à coup, et sans qu'aucun élément nouveau fût
venu modifier l'aspect du débat, détruire l'édifice qu'elle
avait elle-même construit et défendu. Le 17 juin 1898,
la Chambre Criminelle rendit un arrêt de rejet (3). C'était
l'épilogue de cette longue lutte, si longtemps incertaine.

Avant d'aborder la discussion des moyens généraux
sur lesquels on s'appuya pour restreindre la portée du
droit de réponse, il faut écarter tout de suite un argu-

(1) Trib. de la Seine, 29 déc. 1897, D. 99.1.289.
(2) Cour de Paris, 5 avril 1898, D. 99.1.289.
(3) Cass., 17 juin 1898, D. 99.1.289.

ment spécial au procès de 1898, et qu'opposa M. Brunetière devant le tribunal et la Cour d'appel. Il affirma qu'en droit l'article 13 de la loi de 1881 n'était pas applicable à la Revue des Deux Mondes, parce qu'une revue ne pouvait être classée parmi les *journaux*. Il fallait toute l'ardente conviction de M. Brunetière pour soutenir une pareille thèse : « Une revue, disait-il, n'a d'un journal qu'un seul caractère qui est la périodicité ; mais, en dehors de cela, une revue ne donne pas de faits-divers, une revue ne donne pas d'information de l'étranger, une revue ne donne pas de cote de la Bourse et ne donne pas de chronique judiciaire ; elle ne donne enfin aucun des éléments constitutifs de ce qu'on appelle l'actualité quotidienne ; et l'on pourrait dire en quelque sorte qu'elle ne se sert de l'actualité que comme d'un prétexte ou d'un tremplin pour en sortir. Si la Revue des Deux Mondes ou généralement une revue quelconque, n'est pas un journal, quoique périodique, qu'est-elle donc ? Nécessairement, elle est un livre, un livre collectif, un livre fragmentaire, un livre périodique autant que vous le voudrez, mais un livre ;... et il faut lui appliquer, en matière de droit de réponse, non pas du tout les dispositions qui gouvernent la presse quotidienne, mais les dispositions qui gouvernent le livre et la librairie. » (1) M. Brunetière soutenait avec beaucoup de verve une

____

(1) *Gaz. Trib.*, 16 décembre 1897.

théorie qui n'était pas défendable. L'article 13 accorde le droit de réponse à « toute personne nommée dans un journal ou écrit périodique ». C'est vraiment nier l'évidence que de ne pas comprendre parmi ces *écrits périodiques* « une revue qui paraît le 1er et le 15 de chaque mois, dont chaque numéro renferme des articles sur les matières les plus diverses, et des chroniques de la quinzaine », et enfin « qui est tenue à avoir un gérant lequel doit se conformer à toutes les obligations imposées aux gérants des journaux et écrits périodiques. » La Cour d'appel le déclara en ces termes précis, approuvée dans le Dalloz par M. Appleton, et dans le Sirey par M. Edmond Villey (1). Avant elle, le tribunal s'était arrêté moins longtemps encore à l'argument, et se contentait de le repousser d'un mot : « Attendu que la Revue des Deux Mondes est une publication bi-mensuelle ; qu'elle est donc un écrit périodique dans le sens de l'article 13 susvisé. » En pouvait-il être autrement ?

Si M. Brunetière et la presse n'avaient jamais eu à opposer que des moyens d'un pareil ordre, la jurisprudence n'aurait pas un instant perdu son unité. Mais on lui donna de meilleurs raisons qui avaient au moins pour elles le mérite de l'apparence.

D'abord, on soutint hardiment que le gérant d'un journal ou écrit périodique n'était pas tenu d'insérer une

---

(1) Sirey en note de : Cass., 17 juin 1898, 98.1.537.

réponse à un article de critique purement littéraire. Et on le prouva. M. Brunetière rappela la discussion de 1822 à la Chambre des Pairs et la fit tourner à son avantage. Le duc de Broglie avait élevé à la tribune deux objections contre le droit de réponse : qu'adviendra-t-il, avait-il demandé, si le journaliste est tenu d'insérer une réponse qui peut par elle-même constituer un délit ? Et aussi que deviendra le journaliste s'il est forcé d'admettre des réponses à ses articles de critique littéraire ou dramatique ? L'article 11 n'en avait pas moins été adopté, avec sa rédaction générale et exclusive de toute distinction. Le sens du vote paraissait clair : toutes les objections n'avaient pas semblé suffisantes pour qu'on eût voulu grever le principe d'une seule exception. Pourtant, M. Brunetière fut d'avis que le débat de 1822 renforçait sa thèse : « Avec infiniment d'habileté, dit-il, M. de Peyronnet enleva le vote de la loi en n'insistant que sur le premier argument et en ne soufflant pas mot du second. Voilà dans quelles circonstances l'article 11 de la loi de 1822, qui est devenu textuellement l'article 13 de la loi de 81, a été voté, grâce à une surprise de vote, si l'on peut ainsi dire, et à une équivoque habilement jetée par M. le Garde de Sceaux d'alors sur l'un des points du débat. »

Il est vrai que M. de Peyronnet n'avait pas répondu à la seconde objection du duc de Broglie. Et la seule, et très simple raison, en fut sans doute qu'elle n'en valait pas la peine : c'était, à côté de l'autre, une pure objection oratoire. La crainte qu'un journaliste pût être forcé parfois d'insérer une réponse délictueuse, risquait de provoquer quelque hésitation sur le vote d'un article qui eût eu de telles conséquences. En tous cas, une explication devenait nécessaire sur ce point : et M. de Peyronnet ne manqua pas de la donner. Mais que répondre à ces paroles du duc de Broglie : « La critique littéraire ou théâtrale, les discussions politiques, la chronique du jour, blessent souvent quelques amours-propres : que deviendra le journaliste et son entreprise si chaque jour il se voit obligé d'insérer une réponse à ces articles ? » Il n'y avait pas là d'objection précise, qu'on pût saisir et discuter ; ce n'était que l'expression d'une opinion hostile au projet, et à laquelle le Garde des Sceaux ne pouvait répondre que par une affirmation inverse, tout aussi invérifiable : « J'estime que les journalistes ne souffriront pas du droit de réponse. » Cela valait-il la peine d'être dit ? Personne ne prêtait au gouvernement la pensée de supprimer par ce moyen journaux et journalistes.

Et enfin, toute la discussion de la Chambre des Pairs repousse l'interprétation que M. Brunetière tentait de donner à la loi. Plusieurs amendements furent proposés qui restreignaient la portée de l'article : on les rejeta. Six orateurs opposèrent des objections dont on ne tint pas compte. La Chambre enfin clôtura le débat en adoptant un projet rédigé en termes absolument généraux. Que veut-on de plus, et comment pourrait-il subsister un doute sur le sens de la discussion de 1822 ? Aussi bien, elle est si manifestement favorable à la compréhension large de l'article 11 qu'elle a toujours été citée par la jurisprudence et la doctrine, comme l'un de ses plus solides arguments. Et les journalistes, jusqu'à ce moment, la passaient sous silence ; jamais encore ils n'avaient eu l'étrange idée d'en fortifier leur thèse.

Ce fut surtout par d'autres voies moins directes qu'on tenta d'entamer l'article 13, par d'ingénieux raisonnements qui se gardaient bien de prendre sur la loi un appui fragile. « L'obligation, disait le pourvoi de M. Brunetière (1), imposée par l'article 13 au gérant de tout journal ou écrit périodique, d'insérer dans un délai déterminé la réponse de toute personne nommée ou désignée dans ce journal ou écrit périodique, suppose nécessairement une attaque dirigée contre une personne qui est appelée à se défendre ; or la personne de M. Dubout n'a pas été mise en cause, et elle a même été soigneusement écartée du débat. » C'est la distinction entre la critique de l'œuvre et l'atteinte à la personne de l'auteur. Elle n'est pas nouvelle. On l'avait déjà posée quand il s'agissait de fixer les limites du droit de critique ; et alors, elle était tout indiquée. Si on avait admis

(1) *Gaz. Trib.*, 18 juin 1898.

à ce moment qu'une critique sévère de l'ouvrage pût fonder une action en diffamation et l'action civile en dommages-intérêts, on aboutissait à la suppression certaine du droit de critique ; on ne le voulait pas ; et la distinction fut jugée nécessaire : on abandonna l'œuvre, mais on réserva la personne. La situation maintenant n'était pas la même. On venait de soustraire la critique à toute répression, on voulait encore la soustraire à tout contrôle, faire d'elle une sorte de juridiction sans appel contre laquelle les particuliers désarmés se verraient même refuser leur garantie ordinaire du droit de réponse. On allait la munir d'un pouvoir autocratique, sous prétexte de protéger son indépendance. Et l'on créait ce régime exceptionnel, non pas même sans texte, mais en contredisant formellement les textes les plus nets, et alors que la vie de la critique n'était plus en cause : car la menace d'une réponse, d'ailleurs si rarement réalisée, n'a jamais entravé l'exercice de la critique. L'inanité apparaissait, d'une thèse qui, sans base juridique, prétendait sauver l'existence d'une institution qu'on n'attaquait pas.

Alors on l'étaya d'un argument nouveau. On ne peut, dit-on, obtenir, sans intérêt personnel, l'insertion d'une réponse : or, quand un journal publie la critique d'une pièce, il ne juge que la pièce ; de quel droit l'auteur, qu'on n'a pas visé, viendrait-il répondre à un article où il n'est pas question de lui ? C'était un pur sophisme ;

et ceux qui l'opposèrent ne durent pas le prendre pour
autre chose. A peine est-il besoin de le discuter. On ne
soutient pas sérieusement que l'auteur dont la pièce est
critiquée, et peut-être travestie, soit vis-à-vis d'elle dans
la situation d'un étranger, et qu'il n'ait pas d'intérêt à
la défendre ; on le soutient d'autant moins qu'on sait, en
fait, comment les choses se passent, et que, près de son
œuvre attaquée, on voit mal l'auteur dans une attitude
de stoïque résignation. Il a, à répondre, un intérêt de
premier ordre, matériel autant que moral, et qu'on ne
peut vraiment pas lui contester.

On a cru voir encore dans la nécessité pour un journal
de maintenir intacte sa propriété, une raison de limiter
la portée de l'article 13. Un journal en effet, ou une
revue constituent une propriété sur laquelle la loi autorise une véritable entreprise en donnant aux étrangers
le droit d'y faire insérer leurs lettres. C'est là une faculté
exceptionnelle, et l'article qui l'accorde doit être interprété restrictivement. On peut bien admettre qu'il s'applique si un particulier se plaint d'attaques personnelles ; mais il faut l'écarter s'il ne veut répondre qu'à
l'appréciation de son œuvre. Et l'intérêt de la distinction
grandit encore, ajoute-t-on, quand il s'agit d'une Revue,
soucieuse de sa bonne tenue littéraire. Comment admettre qu'elle doive insérer, entre deux articles de
valeur signés de noms illustres, les pitoyables réponses
de médiocres auteurs ? Ce serait à bon marché s'ouvrir

les portes d'une Revue. Et qu'en diraient les lecteurs ? Si le droit de réponse est un mal nécessaire, il faut au moins réduire son domaine autant qu'il est possible.

Enfin, M. Brunetière écrivait dans la Revue des Deux Mondes : « En réalité, le droit de réponse n'a pas été inscrit dans la loi pour procurer à une espèce d'hommes qui ne vit que de publicité les moyens de profiter de cette publicité quand par hasard on y trouve son compte, et inversement d'en venir entraver la libre expression quand les inconvénients de cette publicité se font voir. On ne joue pas si l'on ne sait pas perdre. Ce que le législateur a uniquement voulu protéger, c'est la vie privée, c'est l'honneur du citoyen, c'est la dignité de la polémique, c'est la vérité des faits. Répondre, au vrai sens de la loi, c'est redresser une allégation fausse, c'est repousser une imputation injurieuse, c'est interdire à un journaliste indiscret de se mêler de ce qui ne le regarde pas. » (1) La discussion de la Chambre des Pairs, à laquelle il faut toujours revenir, est sur ce point encore d'une netteté absolue. Le comte de Montalivet avait d'abord proposé à la Chambre de n'accorder le droit de réponse qu'à l'individu désigné dans le journal *d'une manière injurieuse ;* et le Garde des Sceaux, craignant « que cette limitation ne rendît illusoire la dis-position de l'article », avait repoussé l'addition. Le

(1) *Revue des Deux Mondes*, 15 janvier 1898, t. 145, p. 465.

comte Molé alors soumit à ses collègues un autre amendement qui limitait le droit de réponse au cas où la personne avait été nommée *dans sa vie privée*. On le repoussa comme le premier, et l'article 11 fut adopté dans ses termes les plus généraux. Il ne pouvait subsister aucun doute sur l'intention du législateur.

Mais toutes les raisons invoquées contre l'interprétation large de l'article 13 ne tiennent pas, d'ailleurs, contre une rédaction aussi claire que la sienne ; et on pourrait, comme l'a toujours fait la Cour de Cassation, ne leur opposer que les termes de la loi : c'est une base assez solide à toute discussion. Elle le rappelait encore dans son arrêt du 17 juin 1898 : « L'article 13 ne distingue pas entre les diverses publications périodiques qui peuvent donner lieu à l'exercice du droit de réponse ; il s'applique à toutes sans exception et quelle que soit la nature des faits ou des réflexions à l'occasion desquels celui qui répond a été nommé ou désigné ; il importe peu en effet que la réponse ait été provoquée, en dehors de toute attaque personnelle, par la critique purement littéraire d'une œuvre dramatique ou artistique volontairement offerte au jugement du public et de la presse ; il serait facile de montrer que, même dans ce cas, l'auteur dont l'œuvre est discutée, peut avoir intérêt à la défendre dans le journal où elle a été attaquée ; mais en présence de la généralité des termes de la loi, il suffit de constater que la distinction proposée en faveur

de la critique littéraire est juridiquement impossible. »
Cette jurisprudence, la Cour de Cassation l'a affirmée dès
le premier jour, et l'a toujours maintenue depuis, appuyée
sur le texte formel de la loi. La majorité des auteurs l'approuve (1), et même ceux qui émettent quelques doutes
sur l'excellence de la solution confessent qu'en l'état
actuel des textes, elle ne peut être différente (2).

On a enfin soumis à la jurisprudence un dernier argument, plus spécieux, et qui, joint aux craintes d'entraver l'action de la critique, a suffi à lui faire perdre de
vue un instant la généralité des termes de la loi. Et
puisque le procès de 1898 semble avoir groupé comme
pour un examen plus facile tous les moyens qu'on opposa au cours de la lutte, c'est à lui encore qu'il faudra
recourir ; la plaidoirie de M. Brunetière expose de la
plus frappante façon la théorie de la renonciation présumée d'un auteur au droit de réponse : « Un auteur ou
un artiste est un homme qui fonde sa fortune sur la
publicité de son nom. Il ne publie que pour attirer l'attention publique. Il ne donne son roman, il ne fait mettre
sa pièce sur l'affiche que pour détourner notre attention,
nous prendre sur le chemin, nous obliger à venir l'entendre, de telle sorte qu'en vérité, on peut dire sans le

(1) Chassan, *op. cit.*, t. I, § 951 ; de Grattier, *Lois sur la presse*,
t. II, p. 104 ; Barbier, *op. cit.*, t. I, § 136.

(2) Grellet-Dumazeau, *op. cit.*, t. I, § 117 ; Fabreguettes, *op. cit.*,
t. II, p. 184.

moindre paradoxe que c'est lui qui nous provoque, et nous qui lui répondons... Je vais à la Comédie-Française juger la pièce de M. Dubout — et il ne la donne que pour que j'y aille la juger —, j'y vais, je la juge, et c'est lui qui se plaint, et il ne m'accorde même pas le droit de me revancher de l'ennui que j'y ai pu rencontrer. Mais M. Dubout a été un mauvais joueur ; il a joué, il a mis son enjeu, moi le mien, et il vient dire ensuite, quand il a perdu, qu'il y avait maldonne. Eh bien non ! Ce n'est pas ainsi que l'on fait. Quand on a joué et qu'on a perdu, on paie, c'est-à-dire on subit la critique, et quand on ne veut pas la subir, on en est quitte pour ne plus recommencer. »

Il faut avouer que l'objection ainsi présentée paraît singulièrement forte. Faire jouer une pièce comporte des risques ; le mauvais accueil de la critique en est un ; on s'y soumet d'avance en livrant son œuvre au jugement du public. On est mal fondé à se plaindre d'un échec si l'on est décidé à profiter d'un succès. Et il est bien certain qu'on peut, sans paradoxe, considérer l'auteur comme le provocateur ; un fait le prouve : l'administration du théâtre envoie à chacun des critiques, avec l'assentiment de l'auteur, des billets gratuits pour la répétition générale et la première, et souvent même le manuscrit de la pièce. Qu'est cela, sinon un acte de provocation manifeste, et, suivant les paroles de M. Brunetière, une manière de « détourner notre attention, nous prendre sur le chemin, nous obliger à venir l'entendre ? » Et on aura beau objecter, comme M. le substitut Brégeault, devant la Cour de Paris, « que cet envoi de billets aux critiques est d'un usage constant, que c'est une nécessité pour les théâtres et pour les critiques, et qu'il en a toujours été ainsi », il n'en reste pas moins que c'est bien une invitation très claire à apprécier l'ouvrage, et plus encore, dit M. Brunetière, une renonciation implicite au droit de réponse. La jurisprudence même, dans un cas que nous aurons à examiner, a consacré en partie cette théorie : l'article 13 demeure intact, on ne conteste plus la généralité de ses termes ni de son application ; seulement on convient, comme cela est licite, de ne pas se prévaloir du droit qu'il accorde, et on présume même la renonciation qui, dit-on, se dégage assez clairement des faits pour qu'on ne l'exige pas expresse.

Pourtant il faut voir jusqu'où peut mener l'argument. On dit : par cela seul qu'un auteur fait représenter sa pièce et sollicite le jugement de la critique, il entend renoncer au droit de réponse. Se produire en public implique l'absolue soumission à l'arrêt du public. Nécessairement alors, il faut placer à côté de l'auteur dramatique, le romancier qui fait éditer son livre, l'orateur qui parle aux foules, l'homme politique qui prépare sa candidature, l'acteur, le peintre, le sculpteur, et, d'une manière générale, tous ceux qui livrent à la publicité

une partie de leur vie ou une manifestation quelconque
de leur activité. Mais à qui va-t-on laisser le droit de
réponse ? A tous ceux qui, n'étant jamais nommés dans
les journaux, n'auront pas, sauf très rares exceptions,
l'occasion de s'en servir. Ceux-là seulement en seront
exclus qui auraient intérêt à en user et pour qui on
l'avait créé. C'est à cette incohérence que l'on aboutit.
La Cour de Paris le fait très justement observer dans
son arrêt du 5 avril 98 : « Ceux-là même qui sont le plus
souvent nommés dans les journaux, se trouveraient
privés, dans la plupart des cas, du droit d'éclairer les
lecteurs sur la portée de leurs écrits ou de leurs actes :
une telle conséquence est manifestement contraire au
but de la loi ; et il ne saurait appartenir aux tribunaux,
chargés uniquement de l'appliquer, de limiter à certains
cas un droit que le législateur a entendu faire général. »

D'autre part, on présume bien légèrement une renonciation qui est loin d'être manifeste. Il ne semble pas
qu'en fait, aucun auteur se soumette aussi aveuglément
au jugement de la critique. Il ne connaît pas l'article qui,
demain, paraîtra sur son œuvre, peut-être violent,
partial, empreint de mauvaise foi ou travestissant des
idées mal comprises. Et pourtant, d'avance, il s'inter-
dirait d'user d'un droit que la loi lui accorde ? Ne
faudrait-il pas alors qu'il s'en explique en termes
exprès ? Car il est de principe, rappelle M. Appleton,
que les renonciations à un droit ne se présument pas :

« Elles doivent nettement et sans ambiguïté possible résulter des actes accomplis. » Et il semble bien que si l'on peut ici supposer quelque chose, c'est bien plutôt le maintien tacite de l'article 13 que l'engagement implicite de ne pas s'en servir. Il n'est jamais entré dans la pensée d'un auteur de ne pas répondre, alors qu'on le lui permet ; ce serait un respect très exagéré — et, de sa part, très anormal — du jugement de la critique. Mais on le lui prête : le sien s'accommode fort bien du droit qu'on lui concède. On persuade mal à un adversaire de ne pas user de l'arme qu'il a en main ; c'est pourtant à cette singulière tactique qu'ont eu recours les journalistes déclarant aux auteurs surpris : ne vous défendez pas, nous sommes d'avis que vous n'en avez jamais eu l'intention.

En réalité, aucun des moyens opposés n'eut une ombre de valeur juridique ; peut-être même n'ont-ils jamais fait illusion, dans un camp ni dans l'autre. Les termes de la loi étaient formels, son esprit ne les contredisait pas ; on ne pouvait conserver un doute. Pourtant, la controverse fut longue, et la thèse des journalistes triompha même quelques années. C'est que, derrière les raisons données qui cachaient mal le néant de l'argumentation, il y avait autre chose : l'idée que la critique pouvait être menacée dans son existence si on ne tempérait pas pour elle la législation de la presse, l'inquiétude persistante de restreindre sa liberté et de lui donner, sans le vouloir, le coup fatal. Cela, on n'y consentait pas ; on était décidé à tout, même à violer la loi, si elle devait amener pareille conséquence. Mais on voulait tout au moins revêtir cette illégalité d'une apparence régulière : de là tous les arguments successivement opposés qui étaient par eux-mêmes sans valeur mais servaient à réaliser une transformation nécessaire. Partout, chez les auteurs hostiles à un droit de réponse général, dans les arrêts qui le repoussaient en matière de critique, c'est, après le rappel des éternels moyens de façade, la raison vraie qui se révèle et qui est à elle seule toute la discussion, la crainte d'entraver l'exercice de la critique : « Pourquoi, disait encore en 1898 M. Edmond Villey en note de l'arrêt de Cassation (1), pourquoi le droit de critique expirerait-il à la porte du théâtre ? En vérité, ce n'est pas là ce que le législateur a eu en vue quand il a établi le droit de réponse. » Et M. Brunetière, en plaidant devant la Cour d'appel : « Je vous le demande, est-ce que la loi a pu vouloir qu'on m'imposât 80 pages de reproduction (étant donné qu'à la Revue des Deux Mondes les articles ont en général 30 à 40 pages) ? Je ne crois pas que le législateur ait voulu détruire la liberté de la critique. »

A cette crainte, l'avenir seulement pouvait répondre ; s'il l'avait justifiée, la Cour de Cassation eût peut-être

____

(1) En note de Cass., 17 juin 1898. S. 98.1.537.

été la première à modifier sa jurisprudence de 1829 ;
sinon, une loi nouvelle serait intervenue. Mais l'expérience est faite ; depuis plus de 80 ans, la critique s'est
vue appliquer la législation du droit de réponse ; elle
n'en est pas morte, elle n'en a même pas souffert. Les
auteurs sont-ils plus stoïques qu'on n'osait l'espérer, ou
la critique est-elle moins sévère qu'on ne le craignait ?
En tous cas, les réponses sont rares et nullement gê-
nantes. La solution de la Cour de Cassation qui, au
point de vue juridique, était la seule, est, pratiquement,
la meilleure. Elle a permis, sans gêner la critique, de
conserver aux particuliers le seul moyen efficace qu'ils
aient de se défendre contre les appréciations de la
presse, ce « droit naturel » qu'il eût été injuste de leur
enlever.

Le procès de 1898 a été le dernier de cette série de
causes qui, depuis 1826, posèrent aux tribunaux la
question du droit de réponse. Il a donné à la jurisprudence l'occasion d'affirmer à nouveau les principes
qu'elle avait posés en 1845, et de s'assurer dans une voie
que, à moins de modifications législatives, elle ne
quittera plus. Il semble même qu'il ait, à la fin, satisfait
tout le monde. S'il faut en croire la Gazette des Tribunaux, M. Brunetière, qui s'inquiétait de la réponse
qu'il allait subir, vit tout à coup l'horizon s'éclaircir avec
cette lettre qu'écrivait le 5 avril M. Dubout à son avocat,
M⁰ Gondinet :

« Monsieur et cher maître,

« Voudriez-vous avoir l'obligeance d'informer mon
« éminent adversaire, M. Brunetière, que, satisfait de
« l'arrêt de la Cour qui infirme le jugement de la neu-
« vième Chambre et consacre une fois de plus le prin-
« cipe du droit de réponse, je le tiens pour relevé de
« l'obligation d'insérer dans la Revue des Deux Mondes
« ma réponse à la critique de son spirituel collaborateur,
« M. Jules Lemaître.

« Veuillez agréer, etc...

                         « A. DUBOUT. »

Et tout se termina sur un quatrain qui circula dans
les couloirs du Palais :

> Cet arrêt est sans défaut :
> Frédégonde, reine altière,
> Ayant vaincu Brunehaut,
> Devait vaincre Brunetière.

§ 2. — JUSTIFICATION D'UN INTÉRÊT

On avait donné le droit de réponse aux auteurs cri-
tiqués ; on se demanda dans quelles conditions ils
allaient pouvoir en user. Et c'est encore ici la même
pensée qui se cache et qu'on devine sous les arguments
invoqués, cette crainte qui, aujourd'hui même, est à

peine atténuée, d'entraver maladroitement le développement de la critique. En réalité, la difficulté n'était pas
sérieuse. On avait, pour la résoudre, un texte de loi
formel et la certitude que l'intention du législateur ne
le démentait pas. S'il ne s'était pas agi de la critique,
aucune question ne se serait même posée.

L'article 11 avait donné le droit de réponse « à toute
personne nommée ou désignée dans le journal ou écrit
périodique. » Et le Garde des Sceaux, répondant aux
objections soulevées, avait précisé l'esprit de la loi.
D'abord, il n'entendait pas que le journaliste, s'abritant
derrière l'obligation d'insérer, pût admettre une réponse
délictueuse ; sa responsabilité subsistait entière ; il était
le juge nécessaire de la réponse qu'on lui adressait.
Mais de ce qu'il avait la faculté et même le devoir
d'examiner la réponse à ce point de vue spécial, il ne
fallait pas conclure que son pouvoir d'appréciation fût
illimité. M. de Peyronnet donna sur ce point des explications fort nettes : « Le journaliste ne doit pas être
juge de la réponse, mais en ce cas seulement qu'il ne
peut juger de son utilité ou de sa nécessité dans l'intérêt de son auteur. Ainsi, que le particulier qui la présente ait tort ou raison de se trouver offensé par l'article où il aura été désigné, dès lors qu'il l'a été, le journaliste doit insérer sa réponse : il est juge, non pas de
l'opportunité de la réponse, mais de ce que la réponse
peut contenir. » Il fallait rappeler ici ces paroles du

Garde des Sceaux ; elles définissent sans équivoque le rôle du journaliste.

Pourtant, on essaya d'interpréter autrement la loi. On rappela le vieux principe : *pas d'intérêt, pas d'action*, pour soutenir qu'il s'appliquait ici comme partout : le requérant devait justifier d'un intérêt dont étaient juges les tribunaux. La théorie connut un premier succès en 1836 devant la Cour de Paris. M. Jollivet, avocat et député, avait publié en 1835 une brochure intitulée : *du système électoral en France et en Angleterre*. Un article parut sur l'ouvrage dans le *Journal des Débats*, puis un autre qui, dans le *Courrier Français*, critiquait les idées de M. Jollivet. Celui-ci envoya au Courrier une réponse qui ne fut pas insérée, et porta la difficulté devant les tribunaux. Le jugement, du 20 janvier 1836, ordonnait l'insertion et condamnait le gérant à 100 francs d'amende (1) ; il était rendu suivant les termes et l'esprit de la loi. Mais en appel, la solution fut inverse. La Cour déclara que « le fait seul d'être nommé ou désigné dans un article qui contient l'examen critique d'un ouvrage, ne saurait conférer à son auteur le droit de faire insérer une réponse dans le journal ou écrit périodique qui en ferait mention », mais qu'au contraire « on ne pouvait exiger l'insertion d'une réponse qu'autant qu'on justifiait d'un intérêt qu'il appartenait aux tribunaux d'ap-

(1) Tribunal de la Seine, 20 janvier 1836 S. 36.2.287.

précier. » (1) Et, par application de ce système, la Cour examinait l'intérêt de M. Jollivet à l'insertion d'une réponse : le Courrier Français avait engagé avec le Journal des Débats une polémique sur les théories de M. Jollivet qui n'était mis en cause qu'indirectement et se bornait, dans sa réponse, à justifier les doctrines de son ouvrage. L'intérêt du demandeur était insuffisant ; la Cour renvoya le gérant des fins de l'action intentée contre lui.

Elle n'ignorait pourtant pas que les termes de la loi, ni son esprit, ne pouvaient s'accommoder de cette décision : le ministère public l'avait rappelé dans ses conclusions, et citait le récent arrêt de Cassation qui, en 1829, affirmait la généralité du droit de réponse et la nécessité légale de donner à l'article 11 la plus grande extension. Mais les arguments de fait invoqués par le Courrier Français avaient emporté la solution de la Cour ; ils ne niaient pas que la loi leur fût contraire, seulement ils soutenaient que son application serait funeste à la presse. Laisser la personne critiquée seul juge de son intérêt à répondre, c'était préparer pour l'avenir un régime sous lequel les journaux succomberaient. A ce moment, l'expérience n'était pas faite encore du droit de réponse : on craignait d'élargir abusivement son domaine, même dans les termes de la loi. La Cour de Paris

____

(1) Cour de Paris, 20 février 1836. S. 36.2.287. D. 37.2.136.

se laissa convaincre par la thèse du Courrier Français.

Il ne semble pas que la jurisprudence ait longtemps persisté dans cette voie. La Cour de Cassation, en tous cas, refusa toujours de s'y engager, et, d'eux-mêmes, Cours et tribunaux se rangèrent à sa doctrine. Déjà, en 1842, elle jugeait que « la personne nommée dans un journal est seul juge de l'intérêt qu'elle peut avoir à répondre, et que ni le gérant ni les tribunaux ne peuvent refuser l'insertion de la réponse sous prétexte qu'elle contiendrait des choses inutiles ou inexactes, si d'ailleurs elle ne renferme rien de contraire à l'ordre public ou aux bonnes mœurs. » (1) Depuis ce jour, elle n'a pas cessé d'affirmer un principe conforme à la loi et aux intentions du législateur, et qui, dans la pratique, n'avait produit aucun des désastres qu'on attendait de lui. Elle a maintenu sa doctrine sous le régime de la loi de 81, simple reproduction en cette matière de la loi de 1822. En 84, elle rappelait que le droit de réponse n'était aucunement subordonné à l'intérêt plus ou moins sérieux de celui qui l'exerce ; et, comme la Cour d'Appel venait de rejeter une demande en dommages-intérêts pour refus d'insertion, en se bornant à constater que le demandeur ne justifiait d'aucun préjudice et sans relever aucun motif tiré du contexte de la réponse, elle cassa la décision (2).

(1). Cass , 29 janvier 1842. D. J. G , v° *Presse outrage*, nᵒˢ 330,2ᵉ ; 333.

(2) Cass., 12 juillet 1884. *Gaz. Pal.*, 84.2.646.

La question est aujourd'hui à peu près tranchée dans le sens d'une interprétation littérale de l'article 13. La jurisprudence n'est pas encore unanime : il y a eu dans les Cours et les tribunaux une certaine tendance à n'admettre que sous conditions un droit qui pouvait être dangereux ; mais de plus en plus ils se rangent à l'avis de la Cour de Cassation, et il ne semble pas qu'il puisse y avoir dans l'avenir autre chose qu'un mouvement plus marqué vers l'adoption de sa doctrine. C'est que la pratique l'a justifiée, en dissipant les craintes qui étaient à la base de la théorie inverse. Le droit de réponse, laissé à l'entière discrétion de la personne nommée dans un journal, ne s'est pas transformé en un instrument de torture quotidienne pour la presse ; il est demeuré ce qu'il était, une arme défensive pour le public, qui en use, en somme, bien rarement. La loi l'avait créé absolu, on l'a conservé tel, sous les seules conditions évidentes qui seront étudiées dans les paragraphes suivants. Le requérant est seul juge de l'utilité de sa réponse. La Cour de Cassation a même jugé à plusieurs reprises que ni le gérant du journal ni les tribunaux « ne pouvaient refuser l'insertion intégrale de la réponse sous prétexte ou de sa longueur, ou de l'inutilité de quelqu'une de ses parties, ou de prétendus vices de rédaction » (1). Cette

***

(1) Cass., 26 mars 1841. D. 41.1.138. — 29 janvier 42. D. J. G., v° *Presse outrage*, n° 330,2°. En sens contraire : Riom, 14 janvier 1844. D. 47.2.221. — Paris, 12 décembre 1846. D. 47.2.222.

solution est certainement conforme à la loi ; et il faut
répéter que la liberté laissée à l'auteur de la réponse n'a
en pratique jamais dégénéré en licence. Dans ces conditions, faut-il hésiter à appliquer, dans sa lettre et dans
son esprit, un texte aussi clair que l'article 13 ?

§ 3. — RÉPONSE CONTRAIRE AUX BONNES MŒURS

A peine est-il besoin de mentionner l'exception admise
par la jurisprudence au cas où la réponse est contraire
aux lois ou aux bonnes mœurs. C'est une conséquence
de la prohibition générale de l'article 6 du Code Civil ;
le refus d'insertion est alors légitime, et les tribunaux ne
peuvent que l'approuver.

On ne trouve guère qu'un exemple pratique de cette
hypothèse, dans le procès déjà cité qui mit aux prises
M. Louis Ménard, et MM. Monval, directeur du *Moliériste*, et Pariset, gérant du *Temps*. On se rappelle les
faits : M. Ménard avait cru pouvoir attribuer à Molière
un manuscrit d'auteur inconnu qu'il venait de découvrir
et de publier. De tous côtés, on se récria. M. Monval
dont la protestation était particulièrement vive, se vit
assigner en diffamation et condamner. Le tribunal
statua en même temps sur la plainte en refus d'insertion
qu'intentait M. Ménard au gérant du Temps. Le journal,
dans son numéro du 27 novembre 1883, après avoir
étudié les nombreuses satires inspirées par le procès de

Fouquet, contestait l'opinion de M. Ménard, jugeait « à peu près nul » le mérite littéraire du manuscrit, et rappelait que d'ailleurs M. Firmin Didot, dans un avertissement préliminaire, avait pris la très sage précaution de décliner toute responsabilité dans la publication. M. Ménard envoya, par ministère d'huissier, au gérant du Temps une réponse qui ne fut pas insérée, et le tribunal, dans son jugement du 26 mars 1884, approuva la conduite de M. Pariset. En quels termes était rédigée cette réponse ? Nous ne le savons pas puisqu'elle ne connut jamais les honneurs de la publicité. En tous cas, le tribunal jugea qu'elle « renfermait des mots de nature à offenser la délicatesse de certains lecteurs », et, sur ce point, donna tort à M. Ménard. (1)

§ 4. — Réponse injurieuse ou diffamatoire

La jurisprudence admet ici une seconde exception à son principe. Le droit de réponse a été accordé aux particuliers comme un moyen de défense contre les attaques d'une presse toute puissante ; mais il ne donne pas la liberté de l'injure ni de la diffamation. M. de Peyronnet, en le soutenant devant la Chambre des Pairs, disait déjà que l'obligation pour le journaliste d'insérer une réponse n'était pas absolue, et qu'elle n'allait pas

(1) Trib. de la Seine ; 12, 19, 26 mars 1884. *Loi*, 27 mars 1884.

jusqu'à le forcer à commettre un délit ; le gérant du journal est responsable de tout article publié dans ses colonnes, même d'une réponse ; il demeure libre de la refuser, sous le contrôle des tribunaux, s'il la juge délictueuse. On voit que le cas avait été prévu lors du vote de la loi ; la jurisprudence n'a fait qu'utiliser pratiquement les indications données par le Garde des Sceaux.

A maintes reprises, elle a affirmé d'une manière générale que, « si le gérant d'un journal ne peut s'établir juge de l'opportunité et de la convenance de la réponse, il ne peut être tenu d'insérer celle qui contiendrait des expressions blessantes pour le journal, pour lui-même ou pour des tiers. » (1) En 1863, elle appliquait son principe au cas d'une réponse à un article critique. Il s'agit du procès qu'intentait l'actrice Pauline de Melin à *l'Opinion Nationale*. En réponse à deux feuilletons dramatiques de Sarcey, elle avait envoyé au journal deux lettres qu'on ne publia pas, et déposé une plainte contre le gérant. Le tribunal admit l'une des réponses, « rédigée en termes mesurés, et qui ne contenait aucune expression offensante pour personne » ; il en ordonna l'insertion. Quant à l'autre, il jugea qu'elle renfermait « plusieurs expressions blessantes » ; Mademoiselle de Melin, « faisant allusion à certaines énonciations relatives aux annonces théâtrales du journal *l'Entr' acte* »,

(1) Riom, 14 janvier 1844 ; D. 47.2.221. — Trib. de la Seine, 9 décembre 1846 ; D. 47.4.389.

reprochait à Sarcey « d'avoir imaginé la fable de l'Entr'acte », et ajoutait : « Voilà un procédé inqualifiable. »
Le tribunal pensa que ces imputations dépassaient le ton
d'une réponse mesurée, et dispensa le gérant de l'insertion (1).

Il est donc certain que, sous le contrôle des tribunaux,
le gérant peut refuser l'insertion d'une réponse délictueuse, ou seulement des passages excessifs. Mais encore
faut-il qu'il en prouve le caractère injurieux ou diffamatoire. C'est ce qui fut jugé le 7 novembre 1834 par la
Cour de Cassation (2). M. Maurandi, désigné dans un
article du journal *le Garde National*, avait envoyé une
réponse qui ne fut insérée qu'en partie par le gérant,
M. Roux ; il se plaignit en justice et obtint satisfaction,
en dernier lieu devant la Cour d'Aix, le 3 juillet. M. Roux
se pourvut en Cassation pour violation et fausse application de l'article 11 de la loi de 1822 : il avait bien,
disait-il, supprimé trois paragraphes de la lettre de
M. Maurandi, mais ce retranchement ne pouvait constituer une contravention ; comment exiger d'un journaliste l'insertion d'une réponse inconvenante, injurieuse
ou diffamatoire pour lui-même ? L'arrêt pourtant rejeta
son pourvoi : « C'est, expliqua-t-il, au journaliste qui a
refusé l'insertion de justifier de l'impossibilité légale où
il s'est trouvé de respecter l'intégrité de la réclamation

(1) Trib. de la Seine, 26 février 1863 ; D. 63.3 68.
(2) Cass., 7 novembre 1834 ; D. 35.1.179.

à lui adressée, en vertu du principe *reus excipiendo fit actor* ; or rien n'établit que le sieur Roux ait prouvé ni demandé à prouver le caractère injurieux ou diffamatoire des passages par lui supprimés dans la lettre de Maurandi. »

Tout se réduit en somme pour la personne qui répond à rédiger sa lettre en termes assez mesurés pour que le gérant se trouve dans l'obligation de l'insérer. Il faut avouer que cela n'est pas toujours facile ; il y a des attaques injustes et malveillantes qui peuvent faire oublier à leur victime tout souci de correction ; et cela est grandement excusable. Mais il va en résulter qu'elle se verra privée de son unique moyen de défense, par suite d'une provocation dont elle n'est pas responsable. Elle se trouvera, vis-à-vis du journaliste, qui peut tout dire ou à peu près, dans un état d'infériorité manifeste puisqu'on le fait juge d'une réponse qu'au moindre mot vif, il refusera d'insérer. Les tribunaux ont senti l'objection et admis à leur principe un tempérament très heureux. Il est de jurisprudence constante que, « dans l'appréciation qu'ils font d'une réponse, ils sont fondés à prendre en considération la nature et la forme de l'attaque, les besoins de la défense et la légitime susceptibilité de la personne nommée » (1) ; ce qui autorise à ne pas considérer comme injurieuse la lettre qui renferme « des expres-

____

(1) Cass. 20 juillet 1854 ; S. 54.1.663.

sions vives, énergiques même », lorsqu'elles sont,
inspirées par la gravité excessive de l'imputation de l'article qui l'a provoquée (1). C'est l'idée très équitable de
la défense jugée d'après l'attaque. On ne va pourtant
pas jusqu'à admettre qu'un article injurieux ou diffamatoire légitime une réponse de même nature ; ce serait
la ruine du principe disparu sous l'exception. Il demeure
évident que le gérant, même coupable de n'avoir pas
respecté la loi, est en droit de refuser l'insertion d'une
réponse qui ne la respecterait pas davantage. C'est à la
personne qui exerce son droit d'apprécier jusqu'où il
peut aller, et de rédiger sa lettre en tenant compte à la
fois des termes de l'article dont elle se plaint, et de
l'obligation qui s'impose à elle de ne pas descendre à
l'injure. C'est, en somme, une question de fait.

Le procès Dubout-Brunetière qui a touché à peu près
à toutes les questions soulevées par l'application du
droit de réponse à la critique, peut donner ici un exemple
assez précis de jurisprudence. Parmi les moyens qu'invoquait M. Brunetière à l'appui de son refus d'insertion,
il y avait l'existence, dans la réponse de son adversaire,
d'attaques personnelles et offensantes envers M. Jules
Lemaître, auteur de l'article incriminé : « Je n'ai contre
lui nulle rancune, avait écrit M. Dubout ; pas un instant
je n'ai supposé que M. Lemaître ait voulu, comme l'ont

____

(1) Metz, 23 mai 1850 ; D. 51.2.55.

insinué quelques médisants, se consoler sur l'œuvre d'un jeune de l'échec de *la Bonne-Hélène* et de *l'Aînée* devant le comité de la Comédie-Française. » La Cour de Paris mit en regard de cette phrase quelques passages de la critique de M. Jules Lemaître ; on y pouvait lire que, « pour frapper les imaginations, l'auteur ne reculait devant aucune sottise » ; que tel « stratagème était saugrenu », et tel autre « proprement stupide » ; la pièce était un exemplaire étonnant du vieux drame en vers « dans toute sa poncive horreur », et « du fichu théâtre ». L'arrêt fut d'avis que « la malignité du passage visé par M. Brunetière était justifiée par la vivacité de l'attaque » ; il écarta le moyen. Et il ajouta spirituellement que d'ailleurs M. Jules Lemaître lui-même applaudirait sans doute à cette solution : « M. Brunetière est d'autant moins autorisé à penser que son éminent collègue de l'Académie puisse se sentir atteint par une phrase simplement malicieuse que M. Jules Lemaître disait dans l'article incriminé : « La susceptibilité des hommes de lettres est, quand on y réfléchit, bien misérable » ; si M. Dubout n'a point fait son profit du conseil de M. Lemaître, celui qui l'a donné ne peut l'avoir oublié. » Quelques mois plus tard, la Cour de Cassation jugeait à son tour que la Cour d'Appel avait fait, sur ce point, « une saine appréciation de l'article 13 ».

C'est donc bien une question de tact et de doigté que la rédaction d'une réponse à un article trop violent. Les tribunaux l'admettent vive, énergique, sans tolérer l'injure ni la diffamation. La limite est, en fait, mal tranchée entre ce qui est permis et ce qui cesse de l'être ; mais il y a toujours avantage à n'user que de termes assez manifestement corrects pour que la question d'un refus d'insertion ne puisse même pas se poser. La violence équivaut ici à dépouiller de son arme l'auteur de la réponse. Si la satisfaction d'une lettre mesurée ne lui semble pas suffisante, il a toujours la ressource d'intenter au journaliste l'action en diffamation.

§ 5. — RÉPONSE CONTRAIRE A L'INTÉRÊT DES TIERS

Il ne s'agit plus ici d'injure ni de diffamation, mais du simple intérêt que peuvent avoir des tiers à rester en dehors de la polémique engagée dans le journal. Et, par *tiers*, on peut entendre, avec M. Fabreguettes, « les personnes qui, quoique mêlées aux faits sur lesquels porte la publication de l'article, sont néanmoins entièrement étrangères au débat » (1). La liberté de la réponse ne va pas jusqu'à les mettre en cause, à moins que leur désignation ne soit commandée par un intérêt de légitime défense ; l'interdire, ce serait, dans ce cas, enlever à la réponse toute son utilité, et entraver l'exercice du droit presque absolu que consacre l'article 13 : la jurispru-

(1) Fabreguettes, *op. cit.*, t. II, p. 191.

dence ne le veut pas. Mais en dehors de cette hypothèse, le gérant peut refuser l'insertion d'une réponse qui mêlerait inopportunément au débat de tierces personnes, même n'y seraient-elles pas l'objet d'attaques : car il peut suffire qu'elles y soient nommées pour se trouver atteintes dans leurs intérêts. Les tribunaux approuvent alors la résistance du gérant. C'est la troisième restriction qu'ils font subir à l'article 13, et celle-là est l'œuvre entière de la jurisprudence qui l'a établie par nécessité pratique, sans avoir trouvé dans la discussion de la loi le cas déjà prévu. Cette question de l'intérêt des tiers est encore, comme on l'a fait remarquer, une pure question de fait : tout se réduit à savoir si des tiers ont été abusivement pris à partie ; appréciation si incertaine que, dans deux procès sur trois, on rencontre, sur les mêmes faits, des solutions dans les deux sens.

C'est d'abord, et encore, le procès Dubout-Brunetière, qui n'a pas manqué de soulever la difficulté. M. Dubout avait rappelé dans sa réponse les appréciations défavorables de M. Jules Lemaître sur sa pièce, et mis en regard les opinions des principaux critiques ; elles étaient diverses, si diverses que, placées ainsi côte à côte, elles produisaient un effet certain d'incohérence et qu'elles devaient autoriser leurs auteurs à se plaindre : c'est, du moins, ce que soutenait M. Brunetière. Et le tribunal accepta son moyen ; il fut d'avis « qu'un tel procédé était de nature à atteindre dans leur considération littéraire et dans leur autorité critique ceux auxquels l'opinion publique est habituée à accorder une compétence, un discernement, un tact supérieur pour tout ce qui touche aux œuvres théâtrales : et qu'ils seraient assurément autorisés, si la réponse de M. Dubout était publiée dans la Revue des Deux Mondes, à adresser à cette même revue des articles explicatifs ou rectificatifs. » M. Brunetière triomphait quand son adversaire fit appel, et la Cour, cette fois, renversa sa théorie : « Indiquer, répondit-elle, que l'opinion de M. Sarcey diffère sur certains points de celles de MM. Bauer et Fouquier, et que le critique théâtral du *Soir* n'a pas la même appréciation que celui des *Débats* sur le caractère scénique d'une pièce, la richesse des rimes ou la pauvreté de la langue, ne peut en quoi que ce soit nuire à la réputation de ces écrivains : enfin l'intention de nuire de Dubout et l'éventualité d'un préjudice doivent être d'autant plus écartés que sa réponse relève les divergences d'opinions des critiques, non pour les railler, mais pour faire remarquer que ceux-là mêmes qui ont le plus sévèrement jugé son œuvre lui ont témoigné une bienveillance qu'il reproche à M. Jules Lemaître de lui avoir systématiquement refusée. » La Cour de Cassation admit l'appréciation de la Cour, rappela qu'il n'était pas interdit de désigner des tiers lorsqu'il y avait à cela un intérêt de légitime défense, et rejeta le pourvoi de M. Brunetière.

Le procès qui, plus récemment, mit aux prises M. Mainguet, directeur de *la Revue Hebdomadaire*, et Mademoiselle Forbomès, marque aussi combien est incertaine en pratique l'application du principe. Mais ici, ce fut le tribunal qui admit la réponse, et la Cour de Cassation qui la rejeta. Mademoiselle Forbomès, connue comme écrivain sous le pseudonyme de Paul Junka, venait de faire paraître un roman, *la Paroisse Saint-Magloire*. Le critique littéraire de la revue, M. Henri Bordeaux, crut y trouver des tendances anticléricales et une défense de l'amour libre. Mademoiselle Forbomès s'en défendit dans une réponse qui ne fut pas insérée. Elle soutenait qu'elle avait entendu faire une œuvre d'analyse loyale et que d'ailleurs son œuvre avait « de fort honorables précédents » : et elle citait notamment un roman de M. Jean Blaise qui, suivant elle, allait plus loin encore dans la voie où elle s'était engagée. Le tribunal approuva les termes de sa réponse qui ne portaient atteinte ni « à l'honneur, ni à la considération, ni au bon renom littéraire » du tiers nommé, ni « à ses intérêts légitimes » (1). En appel, la solution fut la même ; et on rappela une fois de plus que l'intérêt de la défense pouvait commander la désignation de personnes étrangères au débat (2). L'affaire vint enfin en Cassation : le pourvoi qui invoquait le moyen fut admis, et l'arrêt

(1) Trib. de la Seine, 28 juin 1899 ; *Gaz. Trib.*, 14 juillet 1899.
(2) Paris, 17 novembre 1899 ; *Pand.* 1900.2.183.

cassé (1). Les deux livres, comme le disait M. Jean Blaise, différaient essentiellement l'un de l'autre « tant au point de vue des idées religieuses qu'au point de vue du caractère des ministres du culte catholique qui étaient mis en scène » ; la Cour jugea qu'en effet le tiers nommé dans la réponse « pouvait avoir un intérêt légitime à ce que son œuvre ne fût point assimilée » à celle de Mademoiselle Forbomès et que le refus d'insertion du gérant était légalement justifié.

Que conclure de tant de solutions contradictoires, alors surtout qu'elles se réclament d'un même principe qui, lui, ne varie pas ? L'espèce qui se présenta à Paris en 1899 était pourtant moins douteuse. L'abbé Meignen, blessé des insinuations d'un article paru dans *l'Univers et le Monde* sous la signature d'Eugène Veuillot, envoya au gérant, M. Romagosa, une réponse — non insérée — où il citait en sa faveur plusieurs lettres de prélats et de religieux. La Cour, après le tribunal, jugea que ces lettres avaient été « à l'évidence écrites pour être livrées à la publicité et qu'elles se rattachaient directement à la thèse débattue entre les parties » ; et d'ailleurs, elles étaient nécessitées par la défense. Le gérant dut insérer la réponse de l'abbé Meignen (2).

Il faut noter en cette matière le rôle de la Cour de Cassation. Elle avait jugé, d'une manière générale, que l'ap-

(1) Cass., 29 juin 1900. *Pand.* 1900.1.438.
(2) Paris, 29 mars 1899. *Pand.* 99.2.247.

préciation du point de savoir si les termes de la réponse sont tels que le journaliste ait pu ou non refuser l'insertion, n'était pas une appréciation souveraine en fait mais bien une appréciation légale tombant sous son contrôle (1). Elle a fait ici une application particulière de cette règle en décidant qu'elle avait qualité pour dire si la désignation des tiers était ou non abusive.

§ 6. — Dépôt de l'ouvrage dans les bureaux du journal

C'est la façon habituelle de provoquer la critique : l'écrivain envoie son livre au journal ou le remet lui-même au rédacteur chargé du feuilleton littéraire. Chacun y trouve son intérêt, le journal qui n'a pas à faire de frais, l'auteur qui compte sur l'utile publicité d'un article. Une jurisprudence dont il y a plusieurs exemples, qui, pourtant, n'est pas toujours suivie, refuse dans ce cas le droit de réponse à l'auteur si le compte rendu ne renferme contre lui aucune attaque personnelle.

En 1846, M. Danré, ancien notaire, entreprit d'établir, dans une brochure, que l'impôt progressif était une loi naturelle et nécessaire de toute société bien organisée ; et, comme il était désireux que son travail ne passât pas

____

(1) Cass. 31 décembre 1857 ; S. 58.1.775. — 21 janvier 1860 ; S. 60.1.294.

inaperçu, il allà, raconte l'avocat de son adversaire, faire visite à M. Guillaumin, éditeur du *Journal des Economistes*, « portant sous le bras 25 exemplaires de son ouvrage et lui demandant la permission d'en faire hommage à chacun de MM. les rédacteurs du Journal des Economistes, à la charge, par un de ces messieurs, de rendre compte de sa brochure. — Prenez garde, dit M. Guillaumin, les opinions du Journal des Economistes ne sont pas les vôtres : il pourrait être sévère. » M. Danré qui préférait tout au silence, déclara ne demander « qu'un compte rendu juste et impartial ». La critique parut. Comme l'avait annoncé M. Guillaumin, elle était sévère. M. Danré adressa au journal une longue réponse qui fut insérée en partie, suivie de nouvelles observations. Seconde lettre de M. Danré qui réclamait en même temps une réédition de la première, intégrale, avec les passages supprimés. Cette fois, on ne lui donna pas satisfaction, et la difficulté vint se dénouer devant le tribunal correctionnel de la Seine. Le 16 janvier 1847, un jugement décida que « Danré avait déposé sa brochure entre les mains de Guillaumin dans le but qu'il en fût rendu compte dans le Journal des Economistes, en acceptant la critique comme l'approbation, et qu'il était sans droit pour réclamer le bénéfice de la loi de 1822 », alors que l'article du journal n'était pas sorti des bornes d'une critique sérieuse et mesurée. Il ajoutait, il est vrai, que d'ailleurs une lettre de Danré avait été déjà insérée avec des retranchements trop insignifiants pour qu'on pût considérer ses explications comme incomplètes ; et cela tempérait un peu la généralité de la règle que semblait poser le tribunal (1).

Il faut rapprocher de ce jugement un arrêt qu'en 1887 la Cour de Cassation de Belgique rendit dans le même sens (2). De l'envoi d'un ouvrage, décida-t-elle, naît entre son auteur et l'éditeur du journal une convention, par laquelle le premier soumet son œuvre à l'appréciation du journaliste et renonce d'avance à exercer le droit de réponse si le compte rendu ne renferme contre lui aucune attaque personnelle. Et, avant elle, le tribunal et la Cour d'Appel avaient eux aussi consacré cette dérogation à la généralité du droit de réponse.

C'est toujours la théorie étudiée dans un paragraphe précédent, et d'après laquelle un auteur qui provoque la critique est censé prendre l'engagement de ne pas répondre à un article mesuré. Seulement, ici, la renonciation ne résulte plus de la seule publication de son œuvre, mais d'un fait plus précis, la démarche auprès du journaliste sollicité d'apprécier le livre, démarche personnelle de l'auteur ou simple dépôt d'exemplaires. Pas plus sous cette forme atténuée que dans son expression générale, il n'est possible d'admettre cette thèse qui aboutirait à supprimer le droit de réponse dans les

(1) Trib. de la Seine, 16 janvier 1847 ; D. 47 2.508.
(2) Cass., Belgique, 17 juin 1887 ; S. 88 4.13.

cas où son utilité est le moins discutable. Il n'est guère d'auteurs qui, leur ouvrage paru, attendent chez eux que la presse s'en occupe ; ne serait-ce que par l'envoi du livre — qui est d'un usage courant —, ils sollicitent l'appréciation des critiques autorisés. Il faudrait donc dénier le droit de réponse à tous, ou à peu près ; que deviendrait sous ce régime l'article 13 ? L'exception aurait absorbé la règle. Il faut remarquer d'autre part qu'il n'a jamais été question de refuser le droit de réponse à l'auteur dramatique qui envoie à la presse des billets gratuits pour la représentation de sa pièce. Qu'est-ce pourtant que cet envoi de billets sinon l'équivalent du geste de l'écrivain déposant son roman chez le critique, et comment les soumettre, sans contradiction, à deux régimes distincts ?

Et enfin, on prête gratuitement à l'auteur une intention qu'il n'a pas eue. On veut à toutes forces qu'il ait entendu renoncer à un droit très précieux que lui donne la loi ; mais alors, il faudrait qu'il s'en soit expliqué en termes exprès ou que, tout au moins, son acte ne fût pas ambigu. Or il est susceptible de bien d'autres interprétations, et celle qu'on lui donne est la moins vraisemblable. Ne semble-t-il pas plutôt qu'en envoyant son ouvrage à un critique, l'auteur ait voulu faire à son égard acte de courtoisie et lui faciliter l'exercice de sa profession, en même temps qu'il se ménageait à lui-même une chance plus grande d'être lu et apprécié ?

L'un et l'autre profitent des avantages de ce geste, à tel
point qu'il a fini par devenir une formalité d'un usage
courant. Mais il ne faut y voir rien de plus que ce qu'on
y a mis : ni le critique ni l'auteur n'ont voulu engager
leur liberté. Le premier a conservé intact son droit de
juger l'œuvre comme il l'entend, le second de répondre
au compte rendu s'il estime qu'il y aille de son intérêt.
L'envoi d'un exemplaire pas plus que sa réception ne
permettent de dénier aux deux parties en présence l'u-
sage normal de leurs droits.

C'est en ce sens que jugeaient récemment le tribunal
et la Cour de la Seine dans le procès, déjà rapporté,
qu'intentait Mademoiselle Forbomès à M. Mainguet ;
et ils rompaient ainsi très heureusement avec une tradition, d'ailleurs établie par de rares décisions, et qui
était injustifiable. Mademoiselle Forbomès avait sollicité
elle-même une étude critique de son roman dans *la
Revue Hebdomadaire ;* elle parut sous la signature de
M. Henri Bordeaux. Mécontente de l'appréciation, Mademoiselle Forbomès la réfuta dans une lettre qui ne fut
pas publiée. Et M. Mainguet fit valoir, entre autres arguments, ce fait que la démarche de Mademoiselle Forbomès impliquait de sa part une renonciation tacite au
droit de réponse. Le tribunal répondit « qu'il appartenait
au directeur de la Revue Hebdomadaire de ne pas
donner suite à cette demande, mais qu'en y satisfaisant,
il s'était volontairement exposé à l'exercice d'un droit

que la loi accorde à toute personne nommée ou désignée. » Et la Cour, le 17 novembre, approuva le jugement : « Il importe peu que la demoiselle Forbomès ait,
ainsi que le soutient Mainguet, sollicité elle-même avec
insistance l'examen de son œuvre dans la Revue Hebdomadaire ; en présence de la généralité des termes de la
loi, il n'appartient pas aux tribunaux d'admettre juridiquement la distinction proposée en faveur du critique
littéraire qui aurait cédé aux sollicitations de l'auteur,
sollicitations qu'il est toujours libre de ne pas accueillir. » Enfin, la Cour de Cassation rejeta sur ce
moyen le pourvoi de M. Mainguet.

Faut-il ajouter que la critique n'a pas souffert de ce
régime qui consacre une fois de plus la généralité du
droit de réponse ? Depuis 1899, aucun procès nouveau
n'a soulevé la question ; c'est un signe que la solution de
la jurisprudence n'a pas entravé le libre exercice de la
critique, et que son seul avantage n'est pas de respecter,
sans profit pour la pratique, les termes et l'esprit de la
loi.

§ 7. — Conclusion

Dans son application du droit de réponse aux articles
critiques, la jurisprudence n'a guère rencontré parmi la
doctrine que de l'approbation ; la grande majorité des
auteurs est d'accord pour admettre qu'en présence des

termes de la loi, une autre solution ne pouvait intervenir. Mais on a fait des réserves sur cette loi ; on l'a
souvent jugée trop absolue, excessive dans sa rudesse,
et, pour cela, d'une application automatique qui risquait
parfois de devenir désastreuse. M. Fabreguettes (1) est
d'avis que « le droit de réponse n'est pas bien réglé quant
à son étendue » ; donner à la personne nommée la gra-
tuité d'insertion pour le double de l'article qu'on lui a
consacré « peut être insuffisant et peut être excessif ».
Mais aussi, — et c'est là une critique plus précise —, le
droit illimité du réclamant à condition qu'il paie, peut
conduire, pense-t-il, aux pires abus, et à l'envahissement
de toutes les colonnes du journal. Il est vrai, ajoute
M. Fabreguettes, qu'en pratique cela ne s'est jamais
produit. Mais il cite sur ce point une proposition de
MM. Flandin et Lavertujon, d'après laquelle la longueur
de la réponse ne pourrait excéder le double de celle de
l'article qui la motive, avec un minimum de 50 lignes
pour les entrefilets trop laconiques. Et il semble qu'en
effet le droit des particuliers serait ainsi très suffisamment protégé. Une disposition dont on n'use pas et qui
serait dangereuse si l'on en usait, ne peut que gagner
à être modifiée.

M. Grellet-Dumazeau (2) reproche au droit de réponse
d'être « la sanction d'une faculté exorbitante, celle d'in-

(1) Fabreguettes, *op. cit.*, t. II, p. 184.
(2) Grellet-Dumazeau, *op. cit.*, t. I, § 117.

tenter une action sans intérêt », et pense que, si le législateur n'a pas prévenu cet inconvénient, « c'est dans la crainte de porter atteinte au principe par des distinctions qui pourraient en rendre l'application difficile ou illusoire ». Mais il indique au journaliste un expédient d'exécution facile qui lui permettrait de tourner la loi : il suffit « de ne consentir à s'occuper de l'œuvre qu'à la condition acceptée et souscrite par l'auteur de renoncer expressément au droit de réponse. » Il n'y a pas d'exemple qu'on l'ait jamais employé : c'est, apparemment, que la loi n'est guère gênante.

Enfin, M. le substitut Brégeault, au cours du procès de 1898, regrettait que le droit de réponse ne fût pas réglementé « d'une façon plus précise et moins draconienne », et manifestait l'espoir que la légitime influence de M. Brunetière pût obtenir une réforme de la loi. Mais vraiment, cela est-il souhaitable ? Sauf la limitation qu'avaient proposée MM. Flandin et Lavertujon, — et encore faut-il remarquer que sur ce point même, aucun abus ne s'était jamais produit — il ne semble pas que le droit de réponse puisse gagner à être modifié. En face d'une presse libre et toute puissante, il est la seule arme qu'on ait donnée aux particuliers, et leur unique moyen de défense contre des attaques qui ne sont ni injurieuses ni diffamatoires. Quand on l'établit en 1822, ce fut avec un caractère d'absolue généralité ; et, pour éviter le risque qu'il ne devienne lettre morte, on voulut alors

qu'aucune restriction ne vint en tempérer l'effet. Chacun
put en user, les auteurs comme les autres ; et c'était, il
faut l'avouer, un singulier paradoxe que de le refuser
à ceux qui, entre tous, avaient le plus évident intérêt à
l'utiliser. Mais tout paradoxe est séduisant. Celui-là eut
une carrière brillante. Il débuta modestement en province, à Toulon, et semblait oublié, quand il vint à Paris.
Journalistes et littérateurs notoires, aussitôt, s'empres-
sèrent à le soutenir. Très vite, il gagna du terrain : à
force de crier au péril, on finit par y croire ; un jour,
les tribunaux oublièrent la loi, pour sauver la critique
et les journaux. Il avait enfin triomphé. Victoire sans
lendemain, et qui décida de sa chute. Tout le talent de
M. Brunetière ne parvint pas à le faire revivre : on savait
maintenant que, si la presse était sauvée, c'est qu'elle
n'avait jamais rien eu à craindre. Un siècle bientôt s'est
écoulé depuis l'innovation de 1822. Les auteurs n'ont pas
abusé du droit de réponse, la critique n'a rien perdu de
son indépendance ; et les journaux n'ont pas disparu :
c'est encore un danger qui ne fait plus illusion à personne.

TABLE DES MATIÈRES

BIBLIOTHÈQUE IMPRIMÉS

Angers, Imprimerie J. Siraudeau. — 09-7548

www.ingramcontent.com/pod-product-compliance
Ingram Content Group UK Ltd.
Pitfield, Milton Keynes, MK11 3LW, UK
UKHW020827120726
13693UKWH00002B/520

9 782019 241612